こころの探索過程

罪悪感の精神分析

鈴木智美［著］

金剛出版

目　次

第1部
精神分析的邂逅 I

無意識の迫害的罪悪感──その治療的取り扱い 3

知ること，考えること，「私」であること──ある恐怖症症例より 17

ある非定型精神病者との精神分析的精神療法──そのパーソナリティへの接近

.... 33

蒼古的体験へ──面接空間で退行していくこと 47

　【エッセイ】熟成されていくもの──ビオンとの出会い「ビオンに学ぶ分析臨床」討論より

.... 63

第2部
摂食障害を生じるこころ・パーソナリティ障害に見るこころ 71

拒食症における不安の源泉 73

摂食障害例における母親のmourning workが果たした治療的役割
　──母子同席面接を通して 89

摂食障害の彼女が嫌悪しているもの 103

摂食障害の精神分析的理解 111

　【エッセイ】拒食症治療との出会い──「拒食症治療の手引き」の翻訳から 124

ねじれた愛情希求──逆転移夢からの理解 129

　【エッセイ】自己感の形成──ナルシシズムについて 149

第**3**部
精神科臨床における立ち位置 151

mourning workを抱える環境のマネージメント──管理医の役割 153

愛着障害患者治療におけるコンテイナー機能 177

　【エッセイ】治療者に攻撃的となるケース:困難ケースへの対応 188

終章:こころが自由になること 193

　文　　献 207

　あとがき 215

　索　　引 217

第1部
精神分析的邂逅

精神分析臨床は，一見何の変化もなく繰り返される二人の交流である。だが，実際には，アナライザンドの語りに耳を傾けるとき，その語りに込められている意識されない情緒を浴び，投げ込まれることになると私は思っている。そして，私たち自身の情緒もろとも巻き込まれ，翻弄されながら，そこから生き延びて言葉を紡ぐことを求められている。そこには，理論や理屈ではなく，二人の情緒体験があり，その積み重ねが進展をもたらすのだと思う。

ビオンは，「分析の理論は，おおよそ3回のセッションにはとても役に立ちます。あなたは患者について何も知りませんから，理論に頼る必要があるのです。その後には，答えはカウチの上か椅子の中にありますし，あなただけが見たり聞いたりできることにあるのです」と述べているが，幾年にも渡って繰り返されるこうした情緒交流は，ときに退屈で，ときに嵐のようで，ときに狂気で暴力的で，ときに性的で，ときに安寧の世界にあり，ときに苦悩に満ちている。端から見ればあまりに滑稽なものかもしれない。いや，危険な出逢いでもあるだろう。

私たちは誰しも，さまざまな喪失を体験し傷ついているし，罪悪感を意識的無意識的に抱きながら生きていると私は感じている。分析空間のなかで，その傷つきや抱いている罪悪感に向き合い，理解し合い，抱える作業がなされていく。

こころは少なくとも五つの層から成り立っているように私は考えている。意識の層，感情の層，欲動の層，感覚の層，蒼古の層である。精神分析的設定においては，この階層のより深い部分と出逢うことができるのではないだろうか。その邂逅は，私にとって何物にも代えがたい体験と感じている。

無意識の迫害的罪悪感

その治療的取り扱い

はじめに

　罪悪感は不安とともに精神分析においてその病理性が重視されてきた感情であるが，意識できる形でひとがこころに抱く成熟した感情でもある。意識化されうる健康な罪悪感こそが思いやりを生む（Klein, M., 1952; Winnicott, D. W., 1963）。

　しかし私たちが実際に精神分析的臨床に身を置いている時に出会う罪悪感は，その成熟を遂げていない罪悪感であり，往々にして無意識のそれである。無意識の罪悪感は，フロイト（Freud, S., 1907）によって見出されてきた病因性の感情であり，取り扱いに苦慮する困難な抵抗と転移の源泉でもある。

　フロイトはその困難さを抑圧の強さに見た。しかし近年の精神分析的臨床と研究からは，無意識の罪悪感の困難さは，その罪悪感に持ちこたえられずに分裂と投影の機制を用いる結果，迫害感を帯びた罪悪感に変容しているところにあると考えられている。この小論で私は，解離，虐待，過食，自傷などの激しい自虐的な破壊的行動に終始していた重篤なパーソナリティ障害の女性の治療過程を提示し，その迫害的罪悪感の様態と治療的取り扱いについて検討してみたい。

I 臨床素材

　20代半ばの既婚女性であるAは，怯えた表情に挑戦的な目を光らせていた。彼女はこれまでに複数の精神科医を受診し，ただちに他医に紹介されていた。彼女の訴えは解離と1歳になる娘への虐待，そして過食が止まらないということであった。解離を起こした時には暴力的でしかも大量服薬，手首自傷，飛び降りなどによる自殺企図を何度も繰り返し，夜半に食べ吐きを続けるAの身体は肥満状態でもあった。

　初診時，彼女は私にも放り出される不安に怯え，同時に「どうせ治せないでしょ」と侮蔑的な怒りも抱いていた。私は挑戦状を叩き付けられた思いがし，それを受け取ることに内心躊躇したが，私の見立てを冷静さをもって述べるとともに「何度かお会いした上でどんな治療が適切か一緒に話し合いたい」と静かに告げた。Aはいくぶん安堵した顔つきをし，次回の予約をした。3回の予備面接の後治療契約を交わし，約3年の間に，対面法での精神分析的精神療法のセッションを，外来では週2回（45分／回），2度にわたる1カ月程度の入院の期間中は週4回の頻度で行い，終結に至った。なお，Aとのこの治療を成立させるために，初期の段階で家族との協力，保健所や保育所と連携を行う手はずを整えた。

　治療当初，私はAの独白劇を聞かされる観客のようであった。Aのふるまいは奇妙で，話題はあまりに突飛であり，私にはその意図するものが理解できなかった。すると，面接中に別人格の男の子Bが出現して，治療者としてAをどう理解しているのかと私に迫り，私がAを理解できていないことを責めた挙句，次には女の子のCが出現して椅子を荒々しく投げ飛ばし，はさみを振り回した。A自身は過敏で被害的，自嘲的に私に応じた。私はBもCもAの抱く不安の防衛であり，怒りを表出し伝達するやり方との理解から，「私とこうしていても，あなたが娘さんにひどいことをするのを治したいという思いが私に伝わらなくて，表面的な話で終わってしまうことが苦しいのでしょ

う」「あなたの思いを私に直接伝えたい，でもそうした思いはとても醜いと感じていて，怖くてできないのでしょう。そういう時にB君やCちゃんが私にあなたの思い，苦しいことやそれを理解できずにいる私に怒っていることを伝えているようですね。でもどれもあなたなのでしょうね」と大人のAに向けて柔らかい口調でもって解釈した。彼女はそうした私の解釈に「ここへ来たら境目がなくなってわからなくなる」「私の中にはいろんな私がいるの」と応えた。叫んでいる時には叫びの合間に，暴力的になっている時には腕をつかみながら，Aの目を見据えて私は低めの声でAのこころに届くように落ち着いた口調で介入していった。

　やがてAは男の子であることを期待されて出生し，幼い頃より体罰によるしつけを受け，母に「出来そこない」と言われ続けていたことや，激しい喘息発作で夜半に病院に担ぎ込まれることが頻回で，自分は迷惑な要らない子だと感じていた過去を想起した。私は，Aの治療場面での行動は，私がAを迷惑な要らない子として放り出すことを恐れているがゆえの行為であり，私との関係に安心できないAの心細さの表現であろうと考え，「私もお母さんのように出来そこないのあなたをどうしようもないと思っていると感じているのでしょう」と哀しげに伝えた。Aは，「先生がそう思っているのでしょ。こんな患者は迷惑だ，もう要らないと先生が匙を投げた」と彼女の内心の恐れを私の中に投影し，「精神科の医者はお金を払えばどんな与太話でも聞くと言われた。先生とはお金だけの関係です」と，私との関係で情緒的ふれあいを性急に避けた。

　それでもAは，なんとか自分のあり方を私に伝えようとし，母親の意向にすべて従うみずからの姿を『猿回しの猿』，犠牲的に周囲の言いなりになりながらも見捨てられるあり方を『ティッシュペーパー』，さらには自己のなかのばらばらな凍った感情を『ミックスベジタブル』と象徴的に表現したが，その発言と言語の使用はあまりに唐突であり，圧倒されるような語り口であった。そうした言語の使用と彼女の背景や今の面接の空気，ばらばらな連想内容を全体として吟味して文脈を読み，その意味をつなげて介入していく作業

が続いた。彼女の思考はまさに断片的であった。私はこうしたAとの治療に魅力を感じてもいたが，Aは自分には面接を受ける資格がないと自嘲的で，私のしぐさや行為，面接環境ひとつひとつに被害的に反応した。

　この間，私の解釈はAには意味のないものと受け取られ，家での過食や暴力行為が激化していると報告され，私との面接は信用できないものであると述べられた。しかしAは面接にはきちんとやって来ており，その喋り方は次第に幼児化していった。時には，面接室に入るなり「先生は忙しいので，Aの時間をもっと困っている人に分けてください」と帰ろうとした。私は「この時間はあなたと私との時間です」と低めの声で静かに，しかしきっぱりと伝え，Aが大事に思っているはずの時間を愛他的に手放そうとするあり方をゆっくりと湿りを帯びた声で解釈した。Aは面接室に留まり，娘の成長のさまを嬉しそうに語った。また，Aは私の不在時の不安を表すようにもなっていき，凍ったミックスベジタブルの解凍がひとりではうまくできないが，私との間で上手に解凍しておいしい料理を作りたいとの期待を述べた。そこで私は「こうして私がいることで，あなたが変わり始めていると感じているのでしょうね」と伝えた。するとAは治療を『水溶き片栗粉』と称し，次第にそれが料理に使えるようになっていく隠喩を述べた。しかし，片栗粉がかき回されると，これまで沈殿していた情緒が浮上してひとりでは耐え難くなるために，面接室を離れると，再び片栗粉は沈殿してしまうとのことだった。そして喘息発作の度に，母に舌打ちをされながら「手のかかる子」と言われて病院に連れていかれた過去を具体的に想起し，「ママは疲れているのに，Aを車に乗せて病院まで走るの。ママ大変ね」「夜半にAが発作を起こすと，叔母ちゃんが『うるさい』って起きてくる。ママは飛び起きる。ママごめんなさい」と母への強烈な罪悪感が初めて語られたが，その際に，手のしびれと失立症状が出現して，母に直接土下座をして詫びねばならず，面接中にも土下座をしたり，頭を壁に打ちつけたりといった自己懲罰的な行為が繰り返された。私は「私が手のかかるあなたに内心手を焼いているとあなたが感じて，そうして謝らないと済まないのですね」とAの罪悪感を批判的にならないよ

うに注意しつつ解釈した。Aは自嘲的に「もっともっと自分を傷つけないと，わかってもらえないでしょう？　許してもらえません！」と激しい口調で応えた。怒濤のようなAの語り口に，私は努めて静かにゆっくり介入するような工夫をしていった。それはAの投影に組み込まれないためでもあった。

　その後のやりとりで，娘への虐待行為が，娘とAとの同一化の結果起こっていること，さらにはAの身体を使って出現するBやCはかつて秘密裡に医療外で「堕胎」した子らであることが語られ，BやCをAの身体の中に生かしておくことで「堕胎」の罪悪感を持たずに済む方策であるとの思いが判明した。私たち二人の間で，Aの罪悪感は迫害的で，即座に償いや自己懲罰の行為をしなければならないものであるとの理解がなされていった。

　Aは，思春期から複数の男性との自虐的な性関係を体験していたが，それは初潮の時に両親から汚いものを見る目で冷淡に扱われ，女性であることは罪だと感じられていたためにみずからに課した懲罰であったことが明らかとなった。また，過食して自分の身体を肥らすことで，女性らしい体型を消さねばならないと感じていることも語られたが，それは同時に性的魅力のない自分でも受け入れてくれる対象を求めてのことでもあったと述べられた。

　だが面接で流涙しながら過去の体験が想起され，面接空間がしんみりとした空気に満たされた直後には，家で娘をますます虐待するのだった。次の面接では「Aの腹の肉を切ってくれ」と私に迫り，「肥っているAをこのままに放置しておく先生は無能で，治療者として失格だ！」と叫んだ。「私から大切にされたいし，実際，私から大切にされたと感じると，すぐにダメなあなたでいなければならなくなるようです」と伝えると「D（Aの娘）はAの血をひいた娘です。Aの血は汚れた血です。ママはAを大事に育てたと言います。Aはぶたれて育ちました。裸で表に出されました。だからDをぶって大切にしなくちゃいけないんです」そして「私は制服が大嫌い。制服はもう着たくない。でも着ていたほうが安全」と語り，「制服」は母親から押し付けられた象徴であることが後に判明するのだが，AにはA自身と娘とが同一視されており，私に懲罰する超自我的母親を転移させ，母に対してアンビバレントな

感情を抱いていることが理解された。

　Ａの暴力行為は家族の抱えられる範囲を超え，入院を余儀なくさせられたが，Ａ自身はこの入院を「先生にいつでも会える」と嬉しそうでもあった。入院期間中には面接の延長と言って自分史を書き綴った。「私にずっとあなたのそばにいてほしいのでしょう」との介入に，「母の愛情は塩の効きすぎのおにぎり。先生のは塩梅のいいおにぎり」と述べ，「塩の効きすぎとわかったらご飯を足して大きなおにぎりにすればいい」と母との距離のあり方を認識し始めた。また，ＢやＣが，本来は自分がしたかったことや言いたかったことを代弁する存在であったこと，自分の一部であったことを述べ，その後水子供養をすることで，中絶した子らを葬ることができた。

　こうしてＡの苦しみは，母との間で押し付けられた迫害的な罪悪感によることが意識化されていき，解離症状は消褪する傾向に向かい，夜半に食べ続ける行為や自傷，娘への虐待も徐々に軽減していった。

　「喘息発作で入院している時，母が『あんたの面倒は疲れたよ。なんで身体が弱いかねえ』って，子どもだって好きで病気にはならないです」。そう言いつつも私との間でも思うように話せないと退席しようとする態度を指摘すると，「自分から先に切ってしまわないと苦しくなる」と語り，「完璧に答えられない私は居る資格がない」とうつむき加減で述べた。私が「面接も治療者である私のために来ているようですね」と柔らかな口調で解釈すると，母のために遠方の有名中学に通学していた頃の辛かった思いを語り，その母が自分に必要以上に体罰を与えてきたこと，母自身が姑小姑に囲まれて肩身が狭く，Ａに八つ当たりしてきたこと，それは不当だったとの考えを落ち着いた様子で語った。面接室に静かな時間が流れた。しかしその事実への気づきはＡにとってあまりに恐ろしく，再び自傷せねば「気が済まぬ」状態をもたらし，Ａは激しい喘息発作を呈して緊急入院した。

　「シェルターがほしい。材料はあってもレシピがない」との思いに「この面接があなたのシェルターなのでしょう。ここで，私たち二人でレシピを作っているのですね」と包み込むように温かい声色で返すと「皆おいしい料理を

待っている」と安らぎのあるつながりを語った。しかし他患者から特別な面接を受けていると羨ましがられると、「カウチは寝心地がいい」「内臓のすすぎ洗いが心地よい」「先生は私といるのが好きなんだね」との思いから一転して、「面接は内臓を引き出してごしごし手洗いしているよう」「今すぐ腹の肉を切り落としてくれ。デブは許されない」と再び自己懲罰的になり、健忘を伴ってみずからの髪に火をつけて、自分だけよいものを持っていることへのすまなさを表現した。Aは満ち足りた感情に耐えられず、逆に迫害的な不安感を強めてしまい、直接的な破壊行動でしか表現できないようだった。それでもAは、A自身が娘を愛していながらも、自分と娘の区別がつかずに娘に暴力的になるように、母もAを愛していて、それゆえに体罰を与えていたのではないかと考えるようになり、「でも、母は間違っていた」と寂しそうに語った。

　こうしてAの自己犠牲的なふるまいとその破綻に伴う解離症状は、母から押し付けられた迫害的な罪悪感に応じたものであることがより明瞭に意識されるにつれ、解離症状はすっかり消失した。この時にはすでに娘への虐待行為や自己破壊的行動化、過食は治まっていた。

　だがこの頃になって、婚家には舅や義弟の作った多額の借金があり、経済的に困窮し、Aがひとりでなんとかしようと躍起になっていたことが判明した。Aはおずおずと借金の保証人になってほしいと私に依頼してきたが、私への依存感情として取り扱うことによって、婚家家族での「奴隷的」世話焼きを止め、姑に娘の世話を任せて、家族の抱えた借金を夫とともに返済するよう動くことができた。

　この時点で、私たちは症状の充分な改善を踏まえて治療を終わることにした。最終回に、その面接をAは「卒業式」と呼び、これまで一度も学校の卒業式に出席したことがなかったことを話し、「卒業しても母校に戻ったらそこに恩師がいるように、先生に会えると思っていたい」としんみり語って治療は終結した。

II 考　察

　無意識の迫害的罪悪感の様態とその扱いの実際を臨床素材に描き出した。こうした無意識の迫害的罪悪感についての先行研究についてはすでにグリンバーグ（Grinberg, L., 1992）や松木（1997），小此木（1997）の記述に詳しく知ることができるため，ここでは，臨床素材に基づいて無意識の迫害的罪悪感の病理や力動，その治療的扱いについて考察を深めたい。

1.　無意識の罪悪感のありよう

　Aの様態は，解離，虐待，過食，自傷，自殺企図，さらには喘息発作に代表される身体症状と多彩であった。

　治療開始前Aは相手に恵まれ幸せな結婚をし，娘を出産したことで幸福を味わう体験をしたが，娘が成長し依存を表すようになった時に，Aみずからの依存欲求や愛着が高まるとともにそれらの感情を満たしてくれなかった母親への怒りもAの内側に強力に復活してきた。しかもかつて母親から受けた虐待行為は，A自身が「ダメな子」であるゆえに母親が示した愛情そのものとの考えをAは抱いていた。この誤った考えの背景には，母親は正しく，「ダメな子」であるAが悪いという強い罪悪感が控えていたのだった。これらの錯綜した感情に圧倒されてAは娘を虐待せざるを得なかったようである。虐待は娘への愛情を表すと同時に，みずからは愛情を与えてもらえなかったという怒りの表出でもあり，懲罰する母親への同一化でもあった。

　また虐待に向かわせた感情の賦活に並行して，現在の家族の幸福や娘の成長とは対照的な，かつての「堕胎」に対する罪悪感が激しい痛みを伴って生じてきた。これらの感情はあまりに強烈なために自己に包み込めず，自己から排泄するやり方で対処された。

　すなわち面接過程で明らかになったように，解離は，B，Cというかつて「堕胎」した子らである別人格の中に，Aの母親への怒りや依存，罪悪感とい

うＡ自身のなかに置いておけない感情を無意識の形で置いておくこころの操作であったし，一方で，自己を犠牲にして「堕胎した」その子らを別人格として生かしておくというやり方で，「堕胎」に対する罪悪感を即座に償い，こころから排除する方策でもあったと理解できる。すなわち，Ａは娘への虐待，中絶（胎児殺し），なかでも母親の要求への裏切りといった罪悪感に耐えられずに，解離という心的操作で別人格に収めようとしたが，それすらも罪悪感のあまりの大きさに収まりきれず，みずからのこころから絶えず排泄していたと考えられる。こうして排泄された罪悪感がどこにも受け取られずにＡのこころに跳ね返ってきた時，無理やりに押し付けられた暴力的で迫害的なそれとして体験されたと考えられる。また治療的な視点からは，この症状が，Ａ自身では恐ろしくて表現できない事柄や感情を表出し伝える交流手段であることも認識されるべきであろう。

　治療の経過を通して，解離がＡの無意識的罪悪感によって生じたとの理解が得られたことで，解離症状が出現する以前に呈していた種々の症状においても同様の無意識的罪悪感が作用していたことが判明していった。

　自傷，自己流の自傷的「堕胎」，男性とのマゾキスティックで陰惨な関係といった行為は，性に対して興味を持ち，満足することや男性に愛情を向ける自分は母を裏切っているとの罪悪感を抱いた結果，具体的な懲罰の衝迫が生じてのことであったが，それは母からますます「ダメな子」として扱われる自己懲罰的あり方でもあり，それゆえに母にかまわれるという愛情充足にもつながるものだった。

　母親を裏切るという罪悪感を排除すると同時に，母親に愛されるためになされる女性性の忌避行動は，過食によって女性的身体を消すことにも表れていた。すなわちこうした行動は愛情を充足するための倒錯的行為でもあったといえる。

　このように彼女の病態形成は，母の望みに反する自分であることや，性的な自分であること，怒りの感情を持っていることなどに対する罪悪感に基づくみずからへの懲罰であり，さらには傷ついていれば愛されるとの期待も含

まれていた。傷つき，懲罰をみずからがみずからに与えることが，償い行為として布置され，無意識の罪悪感の充足をもたらすものになったといえる。

2. 発育史上にみる罪悪感の起源

健全な罪悪感は正常な情緒発達のなかで達成されていき，思いやり（concern）として対人関係での愛情を深めるために活用されるようになる。一方，無意識的な罪悪感は，自己が罪悪感情を包むコンテイナーとして発達できていない時，あるいは強烈すぎる罪悪感情にさいなまれる時に持ちこたえられずに，意識されない感情としてこころより排泄され，対象に投影され，それが自己に跳ね返ってくるために，対象から押し付けられた迫害的なものとして認知される（松木，1997）。この時に体験される罪悪感は，傷つけられていた対象への悲哀の作業が成し遂げられての自責的による健全な抑うつ感とはまったく異なるものであり，ワークスルーされぬまま，反復強迫的となる。

Aは，物心つく頃より期待された男の子として出生しなかったことに「出来そこない」の「要らない子」との罪悪を感じていたが，そもそも母親が古い伝統文化に根ざした婚家において男の子を産まなかったゆえに抱いた迫害的な思いにその起源をみることができよう。この迫害的な思いは母親からの体罰や折檻によって繰り返し暴力的な形でAのこころに押し込まれた。

しかしそれだけではない。ひどく傷ついていた母親自身が婚家で肩身を狭くし，自由な気持ちでAを養育できず，Aの出生直後の心的発達での妄想－分裂段階の迫害感情（攻撃衝動）をコンテインすることができなかったと思われる。このために，Aは，自己の原初的な破滅－解体の恐怖を，母親のなかに投影し現実にその母親から迫害されるという形で体験した。ここに具体的水準で行動化するAの症状形成の起源がある。それは懲罰的な「迫害的罪悪感」（Grinberg, 1992）を強化するものであったといえる。

3. 治療的取り扱い

　無意識の迫害的罪悪感についての理解の深まりに沿いながら治療は進展していった。治療当初には解離症状が面接場面で顕現され，治療そのものを破壊しようとの試みがAによって企てられたが，私はAの示す解離症状は無意識の迫害的罪悪感によって形成された病態であり，この扱いがAに罪悪感を意識化させることにつながるとの理解に基づき対処していった。すなわち解離現象においても，私はそこでは隠れてしまっているA自身の自己に向かって語りかけ，「堕胎」した子どもと後に同定されたBやCの出現をみても，その存在は自分の中に持ちこたえられないA自身の一部であるとの理解をAに伝えていくようにした。

　また，この無意識的罪悪感の作動は，Aの種々の症状形成に与<ruby>与<rt>あずか</rt></ruby>っているとの理解を同時に解釈していくことを，治療者－患者関係の中で試みていった。すなわち，Aのこころの痛みや恐怖をもたらす心細さや寂しさに継続的に触れ続けながらも，私に転移された迫害的超自我対象としての母親への感情を解釈していくことで，Aは辛かった過去の体験と情緒を想起し，自分の症状の由来を知ることが可能となった。

　解離現象は罪悪感を持つという葛藤の痛みを自己から切り離し，本来の自己から排泄，排除する防衛手段であるが，持ちこたえられないほどの葛藤の痛みがあるのだということを治療者が理解することに加えて，排除されたみずからの情緒が迫害的様相を呈して跳ね返され，それが自己へと迫り来る恐れが存在するとの理解をし，その痛みと恐怖をコンテインしつつ，その葛藤と痛みを抱えるべき本来の自己に届くよう丹念に介入していくことが，治療戦略として必要である。さらに，種々の症状形成もそうした防衛手段の異なった表現型であるとの考えにしたがって，防衛の解釈だけではなく，その防衛を必要とした迫害的な恐怖の理解を解釈していくようにした。その際，解釈それ自体が迫害的に受け取られないように伝える工夫が重要である。それは，声の高低や口調，伝える速度に治療者の情緒的共感を込めるような配慮である。Aとの治療において，私は低めの声で静かにゆっくりと介入し，Aの感

じているであろう哀しみや寂しさを言葉に乗せるように解釈した。逆転移に翻弄されずに，かつ私自身の感情を切り離さないような質の声を用いるようにした。

　このような工夫のもとで，A自身が理解することができず，症状やさまざまな病的行為として排出し拡散している迫害的な恐怖を解釈するなかで，無意識的罪悪感の存在をAとともに理解し，それが無意識の迫害的罪悪感であることにつないでいくことを私は試みていった。それは時に心的事実に直面する苦痛が耐え難いものに思われて，Aを不安にし新たな症状形成をもたらしもしたが，こころの痛みに苛まれているAの幼児的自己に共感的に伝えた私の理解をAは自分のものにすることもできていった。治療者に肯定的に理解されているとの安心のもとで，迫害的な罪悪感は軽減され，Aは依存的自己を表出でき，それを心的に受け入れてもらえたとの思いを持てるようになったと思われる。罪悪感の軽減はAの現実吟味能力を回復させ，かつての母親との関係や現実の対人関係を客観視する能力を高めた。その結果，Aの多種にわたる症状の消褪と適応の改善がもたらされた。

　この治療において私が活用した分析技法は，ジョセフ（Joseph, B., 1985）やリーセンバーグ（Riesenberg Malcom, R., 1986）らが主張する「いまここで」の転移解釈を重視する技法に基本的には準じている。しかしながら，Aの強い迫害感に配慮して，私は再構成の解釈も用いている。それは，ここでの生々しい情緒にAが耐えられず治療関係そのものを破壊する危険があったし，ここでの転移状況が現実生活で娘を虐待するという結果をもたらしたため，蒼古的な関係性や出来事を知覚し感情や思考を含めて構成しなおすことで，心的事実をここでの視点から新たに意識化させ，今の治療関係の生き残りが図れると考えてのことである。このとき知的理解に留まらぬように，情緒的インパクトと内的対象関係の特性を鮮明にさせる操作も必要である。そうして得た蒼古的な理解は，Aがここでの転移解釈に耐えられるようになることを促進していったと考える。それはロゼンフェルド（Rosenfeld, H. A., 1987）が，破壊的な患者に行う技法的工夫や，無意識の罪悪感の持つ破壊性

に持ちこたえることというオショーネシー（O'Shaughnessy, E., 1981）の述べる「分析的忍耐」に相当するものといえるのかもしれない。

おわりに

Aの病態は，その症状や分裂機制から考えると，境界性パーソナリティ障害，あるいは解離性パーソナリティ障害としてとらえることができる（岡野，1997）。しかしながら，私がAの表現するものについていった時，そこに無意識の罪悪感という伝統的な精神分析の考え方が見出された。この無意識の罪悪感の考えは，陰性治療反応の検索において対象関係的な観点から論じられ発展してきており，それらは今日の臨床にも活きるものである。

この小論において，ある解離，虐待，過食，自傷といった多彩な症状を呈していた女性との臨床経験から，無意識の罪悪感が関与して症状形成がなされており，その性質は迫害的なものであることを示した。こうした無意識の迫害的罪悪感の扱いにおいては，迫害的恐怖についての理解とその痛みに耐えられずにいるというこころのあり方についての理解が必要である。これらの理解を痛みに触れ続けながら，転移解釈によって伝えていく作業によって，無意識の迫害的罪悪感を軽減させうることに言及した。

知ること，考えること，「私」であること
ある恐怖症症例より

はじめに

　患者／クライエントが精神分析を求めるとき，彼らはそこに何を望むのだろうか。私たち臨床家が精神分析的セッティングを提案するとき，いったい何をもくろんでいるのだろうか。

　ある当面の目的を持って私たちは精神分析に取り組む覚悟をするが，分析的カップルに生じるものは，激しい情緒の嵐であり攪乱である。そこから得られる「何か」を私たちは無意識に知っており，長い苦闘の日々を歩こうとするのだと思う。

　その「何か」こそが，精神分析的臨床が真にめざすものと私は考える。

　本小論では，症状の軽減を目的に分析的セッティングでの治療を始めた症例を提示し，精神分析的臨床によって何がもたらされるのか，何をめざしているのかを検討してみたい。

I　先人たちの志向

　精神分析の黎明期，フロイト（Freud, S.）は，精神分析の目標を神経症の症状消失に置き，そのために抑圧を解除し無意識のものを意識されたものにする——イドあるところに自我をあらしめる——ことをその方法とした。し

かし，時を経て「終わりある分析と終わりなき分析」（1937）のなかで，精神分析の目的を，自我機能に最もふさわしい心理的条件を作り出そうとするものと述べた。それは，衝動を意識化するのみでなく，それを自我によって，そのコントロールの下で使用できるようにすることを意味している。そして，分析関係は，真理愛（love of truth）の上に築かれていると示唆し，分析は，患者の人となりの深みにまで達するかたちでの変容をもたらすことを挙げた。

スィーガル（Segall, H., 1973）は，心的現実を探求することは，フロイト以後の諸発見によっても依然として精神分析過程の根本的な目標であると述べた。その上で，「内的な諸対象と結ぶ関係性を分析することによって自我が達成した建設的な対象関係は，成長にも役立つ」として，精神分析をこころの成長をもたらすものとして位置づけた。

マネー＝カイル（Money-Kyrle, R., 1971）は，分析の目指すものとして「患者がみずからを理解していくこと，その再発見に伴う情緒的な妨げに援助すること」を挙げている。

ビオン（Bion, W.）は，健全なこころの成長は真実に頼っていると考えた。そして精神分析の目的として，真実を追求することを挙げ，それをO（Bion, 1967）と名づけた。Oは，パーソナリティの変化，成長，洞察にかかわり，みずからのうちに欲望と攻撃性を持ち，責任と罪悪感を持ち，人とかかわりを結ぶことをもたらす（福本，1999）。そのためには，分析者と患者との間での情緒的な体験を知るというK－結合（Bion, 1962）の重要性を挙げている。

ミルトンら（Milton, L., et al., 2004）は，「患者の最も深い感情や不安を明らかにして，それを理解しそれに関する援助をするために分析家はそこにいる，分析によって私たちは，より深く十分に自分らしくなる」との見解を述べている。

メルツァー（Meltzer, D.）は，その著作『精神分析過程』（1967）において，「分析活動は真実の探求という活動に出会う場所があるという経験」と述べた。このメルツァーの考えを，キャセス（Cassese, S. F.）は，「分析は，自己

分析すなわち洞察によって，自分の人生に対してより責任をもつようになっていくための方法である」(2001) と著した。

　グリンバーグ（Grinberg, L.）は，古典的な治癒のクライテリアによって分析がなされるべきかという問いを発して，洞察の獲得を分析の目的として挙げ，「敵意と恐れを生み出すものではあるが，真実を探すことである」(1990) と言及した。

　このように現在も精神分析がめざすものは，フロイトが展開したままに，症状の改善からこころの真実の探求へと進み，それはパーソナリティの成長をもたらすとの見解にある。

II　臨床素材

　20代前半の女性であるＡは，拒食，不潔恐怖，確認強迫，性交恐怖などの症状を呈していた。長女である彼女は，「憧れの母親」と「気弱な父親」のもとに生育した。彼女には，仕事をこなし忙しそうに家事をする母親は，完璧な人として映っていた。反面父親は，事なかれ主義で自室にひきこもる頼りない存在であった。最早期の記憶は，母親の後姿を見失わないように妹の手を引いて必死に小走りする姿である。生後すぐに保育所に預けられ，保存した母乳を時間ごとに与えられた。幼少期には，怪我した額を麻酔なしで縫う時，「我慢しろ」との父親の声に応え，泣かずに縫合を受けたエピソードがある。

　幼稚園の頃は，母親に怒られながらピアノを練習し，その後抱きしめられて温かいスープをもらうのが日曜日の恒例だった。そのピアノの練習は，完璧に弾けるまで止めることができなかった。小学校入学後より性に異様に関心を抱いてオナニーをするようになり，また浣腸ごっこに興じた。そうした自分を汚いと思っていたが，両親の寝室にこっそり入り込んでは性的なグラビアを眺めるのを秘かな楽しみとしてもいた。小学校低学年時に，学芸会で

のピアノ演奏をかってでたことから「でしゃばり」と友人達から仲間はずれに遭い，母親に話したところすぐに教師に訴えたために，反ってクラスでの孤立を深めることになった。以来，自分の意見や感情を出すことはせず，相手に合わせ「ポーカーフェイス」を作るようになった。

　小学校の中学年時，母方祖母が死去したが，この時の母親の失意の様子に，死がとてつもなく恐ろしいものと感じ，この頃から，就寝時の儀式行為や決まりごとの遂行が生じた。Aの秘かな決まり事は次第に数を増していき，日常生活を脅かすようになっていった。ピアノのコンクールでの失敗や友人との齟齬，思うように学業成績が上がらないことから，高校入学後に，明らかな拒食，洗浄強迫が出現。Aは，食を我慢しやせることで，失敗や嫌な思いすべてを帳消しにし，誰よりも優れていることを証明できると思ったと言う。大学入学後寮生活に適応できずX－5年に受診し，私が担当することになった。

　Aは不定期に受診し，腕周りを私に測らせやせを確認していた。私は，不本意ながらAの具体的方法に合わせつつも，こころの問題であること，自信がなく，思うような自分ではない現実を見て傷ついていることを伝えていった。

　Aは，母親と同じ職業資格を得れば症状は改善すると信じていた。しかしAの思惑に反して症状は治癒しなかったことから，私の提案に同意し，症状の改善を目的に精神分析的精神療法をX年7月より開始した。1回45分，カウチ使用で，週2回から徐々に回数を増やし，X＋3年6月以降週4回以上の精神分析となった。

治療経過

　私は，Aを母親からコンテインされなかった神経症レベルの病態で，不安を強迫的にマゾヒスティックに耐える態度で防衛している，恐怖症パーソナリティと見立てた。

　面接開始当初は，食べ物の確認ばかりで，「○○を食べていいですか」「肥っていませんか」「隣の人の食べているラーメンのスープの粒が飛んできたけど肥りませんか」と執拗に尋ねるのであった。私は，私に確認をしないといら

れないことを明確にしていったが，「食べる，食べない」の話題に終始していることに，食傷気味となった。20回「あなたが食べ物に釘づけになっているように，私（母）をあなたに釘づけにしておきたいのかもしれないですね」との解釈に，「だって怖いんです」と応えた。「食べることにこだわり続けることに，あなた自身うんざりしているのでしょう」と介入すると，それにAはうなずいた。次第に，食べることが最大の楽しみであることに恥ずかしさを持っていたこと，貪欲な自分が汚いと感じていたこと，それ以外の楽しみや充実感がなく，勉強も友達ともうまくいかないことに耐えられず，ダイエットならうまくいくとの思いがあったこと，楽しみである食事を我慢できていることで自分の誇りを保ってきたことを語るようになった。私は，「ダイエットをすることでかろうじて自分を保っているのでしょう」「ダイエットにしがみつくことしか手はないと思い込んでいるようですね」とAのダイエットにしがみつくあり方を明確にし，そのこころのなかは，自信がなく心細くてならないこと，ダイエットにしがみつく部分によってその心細い部分は消し去ることができるという介入を続けた。

　ダイエットという「魔法の方法」は，Aに不安を感じさせないで済む方法との理解がなされたが，Aは自分の身体を「ロボットのようにしたい」「本能のままに食べることは醜い」と言った。34回，認許庵という寺の名前に魅せられ，「本能を認めて許されるようになりたい」と語った。「私にあなたの認許庵であってほしいのでしょう」と伝えると「指針が欲しい，自分では自分を許すことができない」と応じた。それは，私を求めているようでもあり，また責任を回避する姿でもあった。

　うんざりする儀式化したやりとりは続いたが，Aの症状と言葉の内の意味とをつなぎ合わせていくと，「私がここから出て行ったら，先生は私のことを忘れてしまうでしょう!?」と言い，確認行為は私に彼女を忘れさせないためのものであることが語られた。それは，私のお腹のなかに居続けたい，母親のお腹のなかに戻りたいとの思いに発展し，次には同胞への嫉妬や，父親への性的空想を語るようになった。

だが，5カ月後の39回より週3回に面接回数が増えた後には，現実的な日常生活の話題が中心となり，それらは，彼女のなかの不安とは直接は結びつかないままとなった。彼女によれば，病気は自分の責任ではなく，母親のせいであり，汚いものを押しつける男の人のせいであり，「先生が治してくれる」ものであった。私は，Aの症状は彼女の不安の投影であることを解釈していったが，Aには届かないままに過ぎた。なかなか展開しない面接に，私には諦めの思いがよぎるようになった。自分の不安を見ることを回避し，「わからない」と言い続けるAには，本当に自分がわからないし，わかりたくもないだろうと思え，それも伝えてみるが，やはり「わからない」としかAは応じないのだった。私は彼女の「認許庵」であることに出口が見えず憔悴した。その逆転移は，彼女の不安や焦燥の投影でもありそうだったが，それをAに伝える言葉は空虚に響くだけであった。186回には「先生は，治す方法がわからないから，私をモルモットにしているでしょ！」と私への不信感とともにA自身の焦燥感を表現した。

　そうした時期の239回，Aは「病気のままでいたい，母親に甘えたままでいたいので週4回にはしたくない。週4回になったら病気が治ってしまう」と述べた。私はAが面接に意味を見出していると感じ，「病気に留まりたいあなたとともに，私にも頼りたい，甘えたい思いもあるのでしょう」と介入したが，それは即座に否定された。ただ「真っ暗な砂漠の中にひとりポツンと取り残される，凍りつくような孤独感がある」と語った。Aは私との関係につながりを見出せずにいるようだったが，私は彼女が面接で何か変化を感じているとの感触を持ち，待つことに焦りと不安を覚えずに済むようになった。また，彼女の恐れているものは，死と結びつく絶望的な孤独感であることも理解された。この頃には，食事へのこだわりはあったが，Aの拒食状態は改善していた。

　Aは，食事を究極に我慢した後に食べるものは，この世のものとは思えない満足する味がするのだと言い，その満足を味わうために拒食をしていたと述懐した。ところが，食べるようになったせいで，食事は普通の味しかしな

くなってしまい，落胆を味わうことになった。拒食の後の食事は，かつての母親との日曜日の体験を繰り返すものであり，普通であることが許せないようだと伝えると，面接に来ることによって，自分の問題がどんどん拡散し，ダイエットの問題だけだったはずが，恐れていることや不安なことが増えていって，自分の生き方にかかわることになって混乱すると語った。この頃，不潔恐怖は彼女の生活を困難にしていた。父親を極度に避け，職場の電話に出ることができず，外から帰るとすべての衣服は洗濯せねばならず，男の人がレジをする店では買い物ができなくなり，手袋とマスクを手放せなくなっていた。

　そして299回，「先生のせいです！」と興奮し立腹して私に抗議をしてきた。「先生は，私の問題をダイエットだけだって思っていないでしょう！　違います。私の問題はダイエットだけだったんです。先生と話すとどんどん私の不安が増えていきます」と言うので，「私があなたに新たな不安をもたらしているようなのですね」と伝えると，しばらくの沈黙の後に「ダイエットをしていれば，不安を感じなくてよかった」と小声で応えた。続けて「どんどん不安が増えていって，どうしていいかわからない。こんなに不安があることを知りたくはなかった。知らないでいる方法がダイエットだったんです。どうしたらいいんですか。いっぱいありすぎます」と気色ばんだ。「あなたはあなたの不安を知っているのでしょう。知っているのに知らないようにしてダイエットをしたのでしょう」「ダイエットで覆い隠していたいっぱいの不安の根っこはひとつのように思います」と介入すると，「いっぱいすぎて私にはどうしていいかわからない」と心細げに言い，週4回の面接を希望した。

　Ｘ＋3年，360回より週4回へと変更した数カ月後，歳の近い同胞が自殺した。407回，冷静にことの顛末を話す様子に，私は悲しみを悲しもうとしないＡに悲しみと怒りを感じ，私のなかに叫び出したいような見捨てられた痛みを覚えた。「本当は辛くて泣きたくてたまらないのでしょう。それをここでも表すことができないのですね」と伝えた。そして，混乱を冷静に処理せねばならないと感じていること，それは私もこの事態に耐えられないと思って

いるためだろうと解釈した。Aは静かに泣き始めた。その後，同胞を殺したいという願望が現実化したことへの苦痛と後悔，罪悪感，両親が同胞を殺したとの思いを涙ながらに怒りと悲しみを込めて，繰り返し，繰り返し語っていった。そうした回想や空想，孤独感は私との間でのみ語ることができるものだった。Aの同胞への思いは，恨みと愛情が入り混じり，双子のようにして生きてきた葛藤が見て取れた。私は，Aの話を聞きながら，喪失の痛みをともに味わっていた。一方で，Aは私をも殺すのではないかと怯え，私は同時期に事故に遭う不安を覚えてもいた。

　数カ月後にAは面接を5回に増やすことを希望したが，それは「先生を一人占めしたいから」という理由であったことが後に語られた。私をよいものとして認めることは，私への羨望を呼び覚ました。X＋4年，553回より週5回の面接となり，ほどなく，カウチのレザーから獣，暴力的な性行為を連想し，カウチに横になれなくなった。私がそのカウチで犯されているとの空想が語られ，大人の女性である私は信用ならないものとなった。

　以後，破壊的でグロテスクな性的空想で時間が埋められた。女性性器が抉り取られるさまや，精液にまみれたお尻，暴力的な後背位のレイプなど，その空想はおどろおどろしく語りは生々しく真に迫ったものに思われた。私はそうしたAの空想を否定することなく聴いていったが，母親だけがいい思いをしていて，Aには何も与えてはくれないと訴え，母親の胎内に入り込み中のものを抉り取り殺してしまいたい思いが語られるようになり，母親への羨望と母親と結びついている父親への攻撃がテーマとなった。私にもその攻撃は向けられ，激しい口調で私を責める面接となっていった。Aの空想は残忍で，私（母親）をめった刺しにする空想は，私の身体感覚にも及んだ。しかしA自身そうした空想をする自分は許されないと感じており，みずからの空想に怯え，自分を嫌悪した。そして，それらをごまかすために同胞のお世話をしてきたことを自嘲気味に語るのであった。私には彼女の痛々しい悲しみが印象づけられた。「あなたが私を大事に思っているからこそ，よいものを持っている私を壊したくなるのでしょう」そして「あなたが私を殺したくな

るほどに，あなたがよいものを持っていることに気づくと，あなたも殺されるという恐怖が生じて，病気のままに留まらねばならないのかもしれない」と介入すると，Ａは静かに涙を流した。私は息が詰まる私の身体感覚に基づいて，Ａの母親（私）を求める気持ち，母親（私）を我が物としたい気持ちとそれが叶わない絶望について介入した。Ａは，私なしでいられなくなる不安と，自分を理解してくれる存在として私に頼っていたい思いを語るようになり，面接の休みへの反応が明瞭に示されるようになった。私には愛おしさが喚起させられた。彼女は，定期的な休みの数カ月前から，日程を確かめ，その間の過ごし方を模索し，臨時の休みには，彼女もその前後に休みを取って，彼女が私を見捨てるという空想に浸るのであった。

　次第に夢が語られ始めた。汚いトイレで用をたす夢や，外国の汚いレストランで食事をする夢，美しい外国の海辺から一転して怪しく汚い路地裏に迷い込む夢などであった。当初は，連想は広がらず「何も思いつきません」の一点張りで，これらをＡの強迫性と結びつけて，「直腸という糞便に満たされた場所に留まっている」「汚い場所を食べ物を与えてくれるおっぱいととらえている」といった解釈をすると，「夢にそんな深い意味があるとは思いません」と強く否定した。しかし私が，夢素材をその都度のセッションでの話題やＡの行動のあり方，ここでの様子ともつなげていくと，夢素材は，物語性のあるものへと展開し始めた。家族と一緒に船に乗って旅行に行くがひとり取り残される夢や，台所で母親と同胞が仲よく料理をしているのを横目で見ている夢，逆立ちして船に乗り小島に同胞を探しに行くが，同胞は見つからないという夢などである。

　連想や情緒も語られるようになり，面接での変化に伴って，現実生活においては，友人との交流を楽しみ，母親との実際の距離がとれるようになって，父親との関係も良好になり，手袋なしでも過ごせるようになった。しかし，情緒的な動きが生じると，面接の終わりに，必ず食べ物の許可を私に求めるのであった。

　Ｘ＋7年，1228回からカウチに再び横になると，私に対して直接いらいら

した感情をぶつけ，「自分にいらいらしている。自分のために来ているのに，考えようとしていない」と述べた。「考えていない自分に気づいているのですね」と直面化すると，自分も母親も思い通りにはならない現実に気づかざるをえなくなっていった。そして夢やその連想に私が登場し始めた。「夢は信用してはいないけど，私の夢のことまで知ろうとしてくれる先生は99％までは信用できるように思う」と言い，私は彼女の話を静かに聴いて連想していくことが可能になった。私の脳裏には，幼いＡがスーパーで必死に小走りして母親の後を追う姿や，麻酔なしの縫合の痛みを泣かずに必死に堪えている姿がしばしば浮かび，せつなく息苦しくなるのだった。

　私への依存と不信感を扱っていく中で，Ａは両親の現実を見るようになっていった。両親は，同胞の死後，家のリフォームと旅行に明け暮れ，墓参もできず，Ａが同胞の死を悲しむ言葉を口にすると「考えないように」と彼女を諭していた。そうした両親を悲しみに向き合えない弱い人たちであるという見方をするようになった。そして「自分で解決しないと先生が治してくれるわけじゃない」「自分の問題としてとらえることが苦痛でどうしても避けてしまう」とみずからに言及し始めた。「ひとりでは向き合えない。私が自分に向き合えるようになるまで，一緒にいてくれますか」と私を協力者として見，「ダイエットは自分が思うようにならないことから逃げるための手段だった。でもダイエットにしがみついていなかったら，私は生きてはこれなかった」「私には誰もいなかった」と，孤独をダイエットによって見ないようにしてきた自分を顧みて語った。そして，彼女の期待する理想的母親は手に入らないし，私もまた期待通りではないが彼女を待っている人との理解をするようになっていった。

　Ｘ＋7年1294回，大きな蛇にぐるぐる巻きにされて，大変暖かく心地よいとの夢が語られ，「ペニスをよいものとして受け入れるあなたもいる」との解釈にＡはうなずいた。この時期男性との交際が始まった。「満足が永遠に続くものじゃないって思います。ひとついい思い出を作ってそれをこころに置いて，時々取り出して安心するものなのかも」と静かに語った。

知ること，考えること，「私」であること　27

　結婚話が具体化していき，分析の終了を考慮し始めると，「ひとりぼっち」の感覚が再び浮上したが，以前の凍りつくような孤独感とは異なるものと描写した。「『不安だ』と言うことでこころの準備をしている」「不安になりやすい私が私」と語り，終了を半年後にみずから決定した。その決定に不安がりつつも，「親の意向に沿うだけの自分ではいたくないし，責任は自分で取っていきたい」と述べた。

　「同胞が死んだ日，私には先生しかいなかった。先生の前だけで泣けた。私が同胞を殺した，そう自分では思っていることを話せるのは先生だけだった。先生が聴いてくれたことで生きていていいと思えた」「ここに来ることで，私は自分が本当はどうありたいのか，どうしたいのかを考えることができるようになった」と語り，私との分析にＡが自身を考えるスペースを見出していることを述べた。「ここに来なくなったら，私が私でいられなくなるのではと不安だけど，ここが私の中に生きている」，そして「先生は私にたくさんの時間をくれて，私のために一緒にいてくれた。それは私にはとても温かいことだった」と言って，9年の歳月を共にした1557回の精神分析セッションは終了した。

III　考　察

1. Aのこころのありよう

　Ａは，祖母の死によってもたらされた母親の抑うつ状態に，確認や儀式といった強迫行為で対処して，死の恐怖，孤独の恐怖を防衛していた。しかし，その防衛も生活上の失敗による自己愛の傷つきと情緒的痛みが生じた時に破綻し，拒食という具体的な方法で痛みを排泄し，自身のこころにはそうした情緒は存在しないかのようにしていたと考えられる。それは，母親と倒錯的に一体化することで，考えるスペースを排除していたことでもある。そうすることによってのみ，Ａは生き残ることができると思い込んでおり，情緒を

知ることは切り離され，思考されないものとして存在させていたと言える。

　Aは，母親からコンテインされずに生育し，オナニーや性的空想を持つことで，孤独な感情を埋めてきたと考えられる。また同時に，彼女の性への興味は，母親を独占したい思いとともに，母親のなかにある父親のペニスや同胞への憎悪が根底にあった。汚いトイレやレストラン，汚い路地裏の夢に表象されていたように，Aは直腸を理想化し，早期エディプス状況とエディプス葛藤の揺れの中で，性器と肛門，直腸と乳房が混同されていたと考えられる。それは，Aの強迫性の背後にある偽−成熟（Meltzer, 1966）を示すものでもある。このこころの状態をAは大変汚く扱い難いものととらえていた。しかし，そこが自分を生かしてくれる場所であり，同時に本当の居場所ではないと感じられてもいたと理解される。

2．精神分析によってもたらされたもの

　行動でこころの不安を取り扱うAに，私が分析を提案したのは，Aの「知りたい」という願望が私のなかに投影され，Aのことを知る人としての機能を担わされたゆえと思われる。当初，分析の進展が阻まれたのは，こころにある不安が言葉にされ明確になることによって，恐怖がもたらされ，その結果，感情やこころの気づきを分解することで処理するあり方にAを退避させたためと考えられる。知るという分析作業が，侵入的な心的性交と見なされ，その攻撃性を発揮することは死の恐怖をもたらしたのかもしれない。

　Aが恐れていた攻撃性の発揮としての，グロテスクで破壊的な空想を私が受け入れ，その背景にある絶望的な愛情希求に理解を示したことによって，彼女の孤独感に変化がもたらされた。ただ，受け入れられた体験は，Aの本来持っていた不安がとりとめなく突出することでもあった。そのためにさらなる防衛手段を講じなければならず，不潔恐怖の増悪をもたらしたと考える。

　私が行ったことは，Aの味わわず思考されない情緒を私が受け入れ，α機能（Bion, 1962）を用いて言葉にして返すこと，すなわち，Aの恐怖を私が逆転移として感じたものに対処し，それらを思考の対象として扱っていくとい

うコンテインメント（Britton, 1998）であった。Aが夢を持ち込むようになったことは，こころの内奥を語るという真実に満ちた行為（Meltzer, 1983）へと，Aが変化したことを示すことと考える。すなわちA自身が自分の情緒的真実を知ろうとし，それを考えるようになっていったプロセスに呼応することであろう。

その夢素材の変化は，Aの内的対象が，破壊的で迫害的なものから抑うつ的なものに移っていったことを示唆している。同胞の死のモーニングワーク過程は，理想的な万能的母親はいないことを知るモーニングワークの過程となった。そして，自身のこころの情緒的な真実を知り，考え，そしてAがそのままの「私」であることを受け入れることがもたらされたと考える。

3. 臨床経過における精神分析の意味の変遷

分析開始前，Aは治療を自分の防衛である症状の維持に利用するという，倒錯的なあり方で使用していた。この時期においても，内的なものに目を向ける姿勢を私が示し続けたことは，こころの内にある「知ること」の必要性を意識化させることにつながった。みずからのもくろみと違って症状を放棄できなかったことから，Aは精神分析的精神療法に入ることに同意するのだが，その一方で，情緒的な痛みを知悉する恐怖ゆえに，私との知るための結びつき——K-結合——を逃れようとしていた。そのため，この時点でのAとの分析的精神療法の目的は，当面の問題である症状の消失をもくろんだものとなった。妥協的な目標設定であったと言えるだろう。

しかし，精神分析的カップルに生じる情緒的な体験は，必然的にAのこころの内にある，見たくもなかった迫害的な体験やみずからの破壊衝動を想起させることになった。週4回の精神分析への移行がなされ，ここにおいて，精神分析の目的は症状の消失ではなく，こころのあり方を知り，それをみずからが考えること，みずからが抱えることへと推移した。Aのこころの内には，破壊性，攻撃性や性的衝動，不気味さがあり，無意識の罪悪感があった。理想的な母親はすでになく，絶望的に孤独なのだった。これらを知ることは痛

みを伴うものであったが，分析空間でのカップルの作業は，痛みつつも抱え
ていくことであった。

　Aが恐れていたものは，A自身のこころの暗闇に潜む真実である。それは
「不気味なものは古くからの馴染みのもの（Freud, 1919）というフロイトの
言葉を思い起こさせるが，私との分析関係はそれを見ることを可能にし，次
いでAが能動的に考えることが分析での営みとなっていった。衣笠（2010）
は，患者自身がその葛藤に気づいて解決法を見出し，その問題を扱っていく
こと，自身を知ること，そして自己分析できるようになることを精神分析の
目的として挙げている。松木（2010）は，精神分析的アプローチは，その人
のパーソナリティの本質にかかわることができる唯一無二の心理療法である
と述べている。Aとの分析過程はパーソナリティの本質，Aの情緒的な真実
をA自身が知り抱えることへと至ったと考える。Aが最後に語ったように分
析場面がAの中に生き，Aがひとりでも自身のこころのあり方を考える機能
を獲得し，自己分析ができるようになるために私との時間が存在していたと
考える。

おわりに

　村上春樹はその著『1Q84』（2009）において「真実というのはおおかたの
場合あなたが言うように強い痛みを伴うものだ。そしてほとんどの人間は痛
みを伴った真実なんぞ求めてはいない。人々の必要としているのは自分の存
在を少しでも意味深く感じさせてくれるような美しく心地のよいお話なんだ」
とのアイロニーを登場人物に語らせている。

　真実はこころの内にあり人はそれを無意識に知っているからこそ，また恐
れているからこそ，文学があり芸術があり哲学が存在する。みずからのここ
ろに生じている真実――情緒的な痛みを伴ったものであるが――を知り，考
え，そして自分自身――「私」――であることを受け入れるプロセスを無意

識に求めるからこそ精神分析上のカップルは長い時間を共にしてカウチの上にいることをここに例証するとともに，それが，精神分析がめざすものではないかとの考えを示した。

ある非定型精神病者との
精神分析的精神療法
そのパーソナリティへの接近

はじめに

　精神病状態に圧倒されているとき，孤独感と崩壊の絶望が病者を襲い，そこには一筋の光も見出せない暗黒の世界が広がっているように思われる。私は，この恐怖と苦悩の世界は，いまだに薬物治療では接近しえない領域にあると考えている。その思いを分かち合える対象との出会いによって，初めて，病者は精神病状態で防衛しているこころのあり方を認め，その恐怖や絶望，そして現実に向き合うことが可能になっていく。この時治療者は，病者のパーソナリティのわずかな非精神病部分に細々とかかわりながら精神病部分を抱えていくことになる。この地道な作業が，病者というパーソナリティ全体をコンテインすることにつながるように思う。

　しかしながら，病者のパーソナリティの大部分は，精神病部分に支配されているため，治療者がかかわること自体が攻撃と感じられ，病者はさらなる迫害感に圧倒されるという矛盾もはらんでしまうのである。精神病部分が羨望によってよい対象とのつながりをも攻撃するゆえ，破壊された関係性が凝塊化して奇怪なものとなって病者に戻ってくるためである。それは，過剰な投影同一化が作動することによる。

　私は，精神病状態に圧倒されてひきこもり状態にいた非定型精神病の女性との精神分析的精神療法を経験した。その面接過程では，過剰な投影同一化

にさらされて展開した転移－逆転移のあり方を通して，彼女のパーソナリティに接近することができ，彼女は精神病状態によって防衛していた，本来抱えるべきみずからの抑うつに向き合うことが可能となっていったと考えられる。ここにその過程を提示し，若干の考察を加えたい。

I　臨床素材

　30代独身女性のＡと私が出会ったとき，彼女は過食とひきこもりを呈していた。Ａは，これまで数人の精神科医や心理士の治療を受けてきたが，いつも険悪な関係に陥る結果，治療者を替えてきていた。私との治療を求めてきたのも，前医に対して不信感を募らせてのことだった。だが，Ａとの初回面接で，私はＡが子猫のように怯えているとの印象を持った。治療者との関係を険悪にするＡの態度の背景には，幼児期に母親を失ったことへの悲しみがあるように私には思えた。Ａの母親は，Ａの生直後より病床に伏し，ついにはＡが幼少の頃，Ａと離別していたのであった。

　Ａは，高学歴を有してはいたが，ここ数年は，人とかかわることなく，一日の大半を，気に入ったパン屋の菓子パンを食べ続けて過ごしていた。かつて，恋人との別離において激しくののしられる体験をしたときに，混乱し，「死ね」との幻聴に左右されて自殺企図をし，それ以来，周囲が変容し，気づくとまったく知らない場所にいたり，すべてのことを既に知っているかのように感じたり，自分の考えが漏れ出てしまう恐怖に圧倒されたりしていた。ときには妄想的・誇大的になって，壮大なる計画で社会活動に参与しようとするものの，その計画は頓挫し，抑うつ感にさいなまれて何もできなくなり，幻聴や被害関係念慮を伴ってひきこもるといったことが繰り返されていた。治療関係においては，治療者が自分に好意を持っており，自分の思い通りの世話をしてくれるとの確信的な期待感を抱くのであるが，それはいつも裏切られてきていた。

私は，Ａの病態を，ナルシシスティック傾向のある非定型精神病と見立てた。Ａは，社会適応できない自分の問題を見つめたいと語り，薬ではなく，面接での加療を求めた。私は，このとき，Ａの治療には，週数回の心理療法と管理医によるマネージメントを要すると考えたのだが，それにもかかわらず，Ａの要請を受け入れて，服薬することを条件に，私が処方を行いながら，週1回の精神分析的精神療法（50分／回）を90度対面法にて開始した。

　面接を開始した当初，Ａはか細い声で，孤立感や外出もままならない自分の状態へのふがいなさを語っていた。ところが，白衣に対する憧れを語った後から突如として，Ａは私に挑戦的で攻撃的となっていった。「私は関係を求めているのに，先生は治療をしようとする。先生は高いところから私を眺めているだけだ」と，Ａの求める関係を提供できない私を非難し，「先生に触れ合えない！　今日は立場を逆さにするゲームをしましょう。私が治療者です」と言い，私を脱価値化し立場を逆転させようとした。一方では，「私が無くしたと思っていたものは，賞味期限の切れたジャム。戸棚を整理する人が必要」と母親を求めているようでもあった。その理解を伝えると，Ａはただちに「時間がくれば，はいおしまい。Time is moneyかよ。あんたはそれでいいかもしれないけど，私にはここしかないんだよ」と，私との関係にしがみつく思いを捨て台詞のように吐くのであった。「私に頼りたいのに，私から見捨てられるようで恐ろしいのでしょう」と介入すると，「お高いところで人を分析しようとする態度が嫌いだ」と憎々しい口調で私を攻撃するのであった。

　私の言葉はことごとく私の意図とは異なった捉え方をされるため，私はどう言葉を返していいのか，しまいには頭が熱くなって思考ができなくなり，Ａの攻撃的な口調に，私も怒りを感じて沈黙するしかなくなった。すると，すかさず「壁に話しているみたいだ。先生との面接なんて価値がない。えっ，何故黙っている？　先生の理論に合わせるためにここに来ているわけじゃないんだよ」と攻め立てるのであった。

　こうして二人の関係は，面接の度に緊迫し，熱を帯び，戦闘のようになっていった。私は面接を重苦しく感じ，私自身がその場を逃げ出したい思いを

抱いていたが，面接中にはＡが席を立って出て行くイメージが浮かんでいた。面接の最中は私自身の怒り，というより怒りを恐れる怯えを抑えることに必死であり，思考することも身動きすることもできなかった。何か介入しようとすれば，険を含んだものになりそうであり，怒りを怒りのまま返すことを避けようとすれば，黙ってＡの言葉を聞きながらも，この私の逆転移感情はどこから来るのだろうと，そのことにしか目を向けることができなくなった。すると「治療すべきはあんたじゃないの？　私が怒っているんじゃない。あんたが怒っているんだ。どうして私の問題ばかりここで話さないといけないの？」とＡは迫ってくるのであった。私自身，面接場面で頭に血が上る思いになるのは，私の問題と感じてはいたが，同時に，この状況に陥る背景には，私の問題だけでなくＡの転移が関与していることも考えていた。すなわち，Ａのコミュニケーションが怒りの形でしかなされないのは，社会参加ができている私に対してＡが羨望を向けているのであろうことや，私とのよい関係を作ることへの恐れによるのであろうとの考えである。

　Ａは，「病院の周りの紅葉が綺麗だなと思ってきたけど，この場に来ると喋れなくなる。先生の興味のないことは喋ることは許されない気持ちになる」と，私とのよい体験を感じてはいても，私と出会うとすぐにそれは私によって打ち消されてしまうと感じていることを，面接の初めにほんのわずか語った。しかし，それを転移的に解釈すると，ことごとく跳ね返され，私の言葉は何の意味ももたらさない破片に打ち砕かれてしまうのであった。

　治療開始後1年半ほどすると，Ａは面接に遅刻したり，キャンセルしたりすることが増え，面接時刻の変更，面接回数を減らすことや面接時間を短くしてほしいとの要望，さらには治療を止めたいので次の治療者を紹介してほしいと訴えるようになった。その一方で，「ちゃんと来れないなら，別の病院へ行けばいいと先生は思っているんでしょ。あんたは傲慢ね」と受診カードを私に投げつけて面接室から出ていくこともあった。確かに私はＡとの面接を苦痛に感じており，彼女の怒りを恐れ，面接に徒労感を抱いていた。私にはＡのこうした対象関係のあり方を扱うことができず，Ａも私も辛いだけで

治療にはならないのではないか，このままＡの治療を続けることは確かに傲慢なことでしかないのかもしれないと悩んだ。他の治療者へ紹介状を書くことは簡単であったし，彼女も表面的にはそれを望み，紹介状を書かない私を罵倒し，病院事務に苦情を申し立てていた。そのため私は外からの勧告にも対応しないといけなくなり，孤立した。

　ただ，私は彼女のそうした行動化は，彼女の思うように彼女を理解し，抱えてくれる対象を求めるゆえであろうと考えていた。その理解をＡに伝える術を，Ａといるときには失ってしまうのであるが，少なくとも私からの行動化はするまいと思い，この事態を乗り切るために彼女のふるまいや言葉の意味を思考しようと試みた。そして「私は，あなたの治療は少なくとも週に1回50分の面接が必要だと判断しています。今のあなたはあなたの自由に治療者を選べると思います。あなたが病院を替わることを判断するのはあなたの自由ですが，私はこの治療を続けることが意味あることと思っています」と，ようやくではあったが，きっぱりとした口調で介入した。

　Ａはこの介入に対し，「先生との面接があって1週間が始まって，終わってしまう」としんみりし，「毎週通う辛さをわかってもらえていない。先生の言うことが正しいのかもしれないけど，今の私には受け入れられない」と，私との間でだけ生きている感覚を持っていることを語り始めた。そして，「先生と接している時だけが現実で，いつも私はバーチャルな状態にいる」と述べた。「私との関係があなたの中でずっと続いているのでしょうね」とゆっくり伝えると「そうです。だからよけいに腹が立った。私にはここしかない」と涙をこらえつつ語った。面接室の空気は急激に和らいだものになったかのようだった。依存することの困難さを分かち合うことができそうに私には思え始めていた。

　その直後，Ａは怠薬し始め，明らかに躁的に動き回るようになり，その言動はまとまりを欠いたものとなった。しかし「私は銀のアクセサリーが好きなんです。でも金属アレルギーがあって銀のものは身につけられない」との話に「あなたは，私との面接を好きだと感じているのに，私と触れ合うこと

はアレルギーをもたらして，楽しむことができないのですね」と介入すると，Aは肯定し，私に近づくことの困難さを悲しげな様子で語ってもいた。

そうした中，唐突に，Aはある芸能人との恋愛妄想に生きるようになった。その人がAに会いに来るとの妄想に支配されてホテルで待ち続けたり，電波から連絡が聞こえてきたり，子どもを身ごもったと産婦人科を受診したりし，そしてついには想う人の家と確信して他人の家に無断で上がり込んだため，緊急入院を余儀なくされたのであった。

入院したAは，当初硬い表情であったが，ゴポッゴポッと今にも溺れそうな喘ぐ音を発していた。「溺れ死んでしまうような恐怖だったのでしょうね」と介入すると，Aは静かにうなずき，うなだれ，沈黙した。Aは私が常に傍にいるとの思いを得て，徐々に安心した表情へと変化していった。

私はAの面接を週4回に増やし，構造化したまま続けた。決まった時刻に決まった時間，私はAの傍にいた。セッションの間中Aが沈黙のままに過ぎたこともあったが，その空気は決して硬いものではなかった。Aの脆弱性を充分に吟味せずに，転移として依存感情を扱ったことがAを精神病状態に至らしめたとの考えもあって，私は辛い気持ちを抱えて面接に赴いた。ただ，私がAに提供できるものは，やはり転移を解釈することであった。

私は，Aの抱いた恋愛妄想は，面接で私に近づいたことや私に依存したい思いの高まりによって生じたこととして介入していった。Aは少しずつではあったが，みずからが起こした行動が妄想に基づいたものであったと気づいていった。その過程で，母に世話されたかった思いを語り，母が寝付いていた布団の傍でひとり遊びをしていた2～3歳の頃を思い出し，涙した。母を失った後に，事業に失敗したことも重なって自棄になっている父の世話をさせられてきたと感じていたのだが，Aは，みずからが父から離れられなかったし，世話することが世話されることであったと語るようになった。「私は甘えたかった。ずっと主婦役をしてきて，誰も私の『お母さん』をしてくれる人がいなかった」と言い，「私はお母さんが欲しかった。それが無理だから，私の家族を作りたかったんです」と述べた。「私にお母さんをしてほしかった

のでしょう」と静かに伝えると，「誰もお母さんにはなってはくれない」と涙ながらに語り，別れた恋人との関係について縷々と述べるセッションが続いた。私との接近が，Aにとっては悲惨な別れを予期させるものであったことが，私たちの間で話し合われていった。こうしてAは深い抑うつの中に沈んでいった。

　抑うつ状態からの回復は遅々としたものであったが，Aは自分が期待した家族を得られなかった悲しみや寂しさについて静かに語れるようになった。そして数カ月の後，Aは退院できるほどには回復した。Aは「先生と苦労を共にした感じがするんです。いろいろあったからこそ，先生にわかってもらえている感じがしているし，生きていける気がする」と言い，Aが退院した時点で，私たちは構造化された精神分析的面接を終わることにした。

　Aは，一般外来で薬の服用を継続しつつ，「老いていくお父さんとの残された日々」を愛おしみながら，それなりに穏やかに生活するようになった。

II　考　　察

1. Aのこころのダイナミックス・転移
　Aの生直後から母親が病床に臥していたことは，Aの不快で苦痛な体験を抱えてもらったり，生育上における妄想−分裂態勢での攻撃性を受け入れてもらったりする環境がAにはなく，暖かく心地よい体験も希薄であったであろうことを示唆している。Aには，信頼できるよい対象も，よい自己像も形成することが困難であり，ナルシシスティックな空想のなかでその苦痛に持ちこたえてきたことが考えられる。すなわち，空想のなかで，理想的な母親像と融合し，その対象を取り入れることで，どうにか平衡を保ってきていた。その状態では，抑うつを体験することもなければ，破壊的な精神病状態に陥ることもなくいられたのである。ところが，幼少期の母親との突然の別離は，そうした空想すら破壊する破局的な体験をAに強いたものであったと推察さ

れる。こうして愛情への飢餓感がAのパーソナリティを形作っていった。自棄になっている父親もAを抱える対象とはなり得ず，Aは依存を希求することすら否認し，代償として父親を世話しながら成長していったのであろう。

　成人して初めて，恋人という依存対象を見出したにもかかわらず，その対象との悲惨な別離は，依存欲求は破壊的な悪いものであるとのAの心的事実に合致し，破滅恐怖をもたらした。別れという抑うつに耐えられず，その痛みや怒りを外へと投影した結果が幻聴であり妄想であったと考えられる。死ねとの幻声，周囲の変容感や知っているはずの場所が知らない場所に思えるジャメ・ビュ，すべてを知っていることのように感じるデジャ・ビュ，自分の考えが漏れ出てしまう思考伝播は，こころの痛みが排出，投影され，その投影物が具体的な形でこころに戻ってきて体験されたものであった。その防衛のあり方でしか，こころの解体を防ぐことはできなかったと思われる。そうした精神病部分の作動は，よい対象とのつながりを攻撃してしまうために，それ以降の彼女は，他者とは険悪な関係に陥ることで，関係を作るようになっていったと思われる。破壊的羨望がここで活性化されたといえる。

　私との関係のなかでも，私とつながろうとするAのパーソナリティにおける非精神病部分の動きに対して，精神病部分は，私との競争，羨望，逆転といったやり方で攻撃をしかけ，連結を破壊し，大量の投影同一化を生じさせていた。白衣を着ている私への穏やかな憧れの感情は，突如として激しい競争へと変化し，自分を優位に立たせるべく立場を逆転させるゲームの提案をするあり方をした。Aの怒りの表出は，あまりに唐突で強烈なものであった。そのため，私が投影逆同一化に陥り，私自身が怒り，怯えている状態をもたらした。そして，私たちの関係そのものが破壊的なものになっていったと考えられる。私自身の思考が停止したのは，AのマイナスKが投影されていたことと，Aが私の思考に破壊的な攻撃を向けたことによるのであろう。

　一方，Aには，非精神病部分での象徴機能や依存を感じる能力は存在しており，一瞬ではあるが私にそれを伝えてはいた。しかし，その思考機能や陽性転移は保持されず，すぐに精神病部分での迫害的関係性へと戻ってしまう

のであった。面接開始当初に見せていたか細い声のＡのあり方こそが，Ａの
パーソナリティ全体の心細さや孤独を物語っていたのであろう。ただ，卑小
な自分を感じることは，強烈な痛みを生み，Ａはそこに留まることができず，
羨望によって私を攻撃するあり方を展開した。こうした関係のあり方が唯一，
Ａが人とかかわりを持ち続けられる方策でもあったと考えられる。

　Ａをなんとか抱えようとする私に対し，Ａの依存への欲求は強まっていっ
たと考えられる。Ａにとって，依存欲求を感じることそのものが，破壊的な
別離を体験することへと結びつくため，Ａと積極的にかかわり続けようとい
う「私はこの治療を続けることが意味あることと思っている」という私の能
動的な介入は，Ａに依存と破壊的別離の再体験を予期させた。このため，一
瞬のふれあいの直後に，Ａは怠薬し，思考を断片化させて精神病的防衛とし
て，具体的な形での愛情充足を幻の中で得ようとしたのであろう。しかし，
一方では，その精神病的防衛のあり方は，私との間で，精神病性の恐怖を表
しても見捨てられることがないとの確信を得るための一手段でもあったよう
にも思われる。すなわち，Ａがいかなる依存を示しても壊れることのない関
係がそこにあることを求めたのである。

　この混乱時でのＡのこころの状態を伝えていたのは，Ａの発するゴポッゴ
ポッという「喘ぐ音」であった。愛情の窒息状態であったＡが，愛情を求め
ていることを示しているという具体化がそこに存在していたといえる。その
解釈を受け入れる非精神病部分の思考をＡは残存させてもいた。ここで初め
て，母親への依存／別離というＡのテーマに触れることが可能となったので
ある。

2. 逆転移

　Ａと出会った当初に私が抱いた「子猫が怯えている」との印象そのものが，
放り出され抱えてくれる親を失って途方に暮れているＡの投影同一化を受け
ての逆転移であったと考える。そして，週に数回の精神分析的精神療法が必
要であり，管理医によるマネージメントを要する病態であるという見立てを

したにもかかわらず，Aの要請に従って，より回数の少ない週1回の心理面接と管理医を兼ねた構造のなかで私がAを診ていこうとしたことは，万能的な治療者を求めるAに応えて，私が万能的な治療者になろうとしていたと考えられる。

しかしながら，抱えられる感覚を知らない子猫が，近づく者に爪を立てるように，Aは近づく私を恐れ，期待する万能的治療を提供できない私に怒り，その怒りは私に投げ込まれた。その結果，私は私自身が怒っているとの感覚にとらわれた。治療を開始して間もなくの急激な変化に戸惑う間もなく，私は身動きすらできない状態に投げ込まれていった。これは，過剰な投影同一化にさらされ，私が投影逆同一化したことによるものと考えられる。私の思考は停止し，身動きが取れなくなっていった。Aは私に怒りを投影して，私への羨望を否認していたし，一方では私と立場を逆転させる試みをした。また，不快な関係で一体化しようとする，かまってくれなかった母親との関係性を私との間で再現し，私を抑うつ状態の母親にさせるという，私をコントロールするやり方でもあった。それは，精神病状態で防衛した依存の否認のあり方だったと考えられる。膠着した状態が見せかけの安定であり，自己解体の恐怖に関係したこのメカニズムに，私は圧倒されていたといえる。そしてそれは，分析空間のみならず，現実的に外部から勧告を受けるという状況へと私を追い込み，私が孤立感を抱くように仕向けられていった。

この状態の居心地の悪さに，私は耐えられず，事態を一刻も早く展開させようとしたのであった。私の能動的な「私はこの治療を続けることが意味あることだと思っている」という介入は，Aを放り出すというアクトアウトを避けたとはいえ，（狭義の）逆転移のアクティングインであるともいえよう。省みれば，思考レベルでは熟考していても，私は切羽詰ったこころの状態であったと思う。この私の能動的な介入は，Aの抑うつ不安に対する防衛を強化したと思われるし，一方でAの依存欲求を高めたと考えられる。その意味では，Aの言うように私は確かに「傲慢な治療者」であった。しかし，この介入によって，Aが私への依存を言語化できるようになり，Aの心的状態が

抑うつ態勢へと動いたことは確かなことでもある。ただ，Aが抑うつ不安を保持できないことへの注意深い配慮を欠いていたために，Aの明らかなる精神病状態の再燃をもたらした。私にとっては居心地のよい抑うつ態勢でのコミュニケーションは，彼女には剥奪された愛情への飢餓感を深める恐怖を再体験することであったと思われる。

しかし，Aの蒼古的な対象関係——母親との早期の別離や父親にも依存欲求を向けられなかった——を考慮すると，この介入なしには治療は展開しえなかったとも考えられる。それは，私に向けたAの依存欲求を示すコミュニケーションのあり方に呼応したものであった。すなわちこの精神病状態の再燃は，転移性の精神病であり，不可避的なものであったと思われる。ただ，私自身の孤立感や怒りの感情を，充分に私のこころに含み込んだ後に，より余裕をもった介入をすることによって，面接外で精神病状態が展開されることは回避されたのではないかとは考えている。

さて，入院という保護してくれるコンテイナーを得たことで，Aを精神病状態へと追い込んだという私の罪責感は過剰にならず，Aをコンテインする能力を回復することができ，私の性急な介入の修正がここでなされていった。そして，二人が分析空間を共にして，その場で私がもの想いできるようになったことは，A自身も非精神病部分の抑うつに目が向くことでもあったと考える。

3. 面接での取り扱い

怒りで面接空間が覆い尽くされ，二人の関係が膠着している時，この状態から一刻も早く抜け出したいと思うのは治療者ばかりではないと思う。しかし，抜け出したいと思いつつもその関係にいることだけが唯一治療者とつながっていられる方法と病者が感じていることも考慮しなければならないであろう。不快な膠着状態であっても，病者にとってナルシシスティックな関係にいる充足があるとの理解は，投影同一化が猛々しい局面で，治療者にゆとりを生み出すことでもある。正しいやり方で素材を解釈すること，すなわち，

そのメカニズムの猛々しさが破壊的なショックをもたらすものではないと示すことが，治療者に求められるのであろう。

このときに治療者の耐性をどう高めるかは，逆転移である「身動きできない」感覚をそのままに含み，内的に経験すること，それを推敲する作業であろう。加えて，病者の蒼古的な関係のあり方や，強烈な恐怖の存在をナルシスティックに否認しているとの理解が，逆同一化と全体状況の把握につながり，治療者自身の不快を排除して治療関係をすぐさま展開させようとの不耐性に歯止めをかけることになると思われる。治療者側の逆転移感情を探索し推敲がなされること，そして，病者の転移を理解し治療者のこころに留め置いた上で介入していくことが，治療者にできることであり，そのことが病者の投影同一化に対して真に能動的にかかわることにつながっていくのではないかと考える。

III　ま と め

この小論で，私は過剰な投影同一化を示す非定型精神病の女性との精神分析的精神療法を提示した。そこでの転移と治療者の逆転移理解を中心に，彼女のパーソナリティへ接近する困難さとともに，その意義について描き出すことを試みた。

過剰な投影同一化とそれにともなう治療者の投影逆同一化によって膠着していた分析状況は，能動的な治療者の接近によって展開したが，治療者とつながることを恐れ，抑うつを防衛する病者の精神病部分の作動によって，明らかなる幻覚妄想状態へと発展した。しかしながら，治療者のコンテイン機能の回復により，抑うつ不安を抱えることが病者にも可能となった。

この治療において，逆転移の理解とその推敲が重要であり，精神病性転移に圧倒されずにその転移をこころに留め置く必要性について示した。

精神分析的精神療法によって，精神病を根治できるものではない。だが，

精神病を患う病者その人を理解し，そのこころの寄る辺なさを分かち合い，安心できる内的対象関係をもたらすことができるであろう。それは，精神病状態の恐怖に圧倒され絶望の淵に立たされている病者にとって，孤独ではないとの安堵感と自己の存在を認められる体験であると考える。

蒼古的体験へ
面接空間で退行していくこと

はじめに

　面接空間における分析家とアナライザンドの繰り返される邂逅は，特別な関係性を築くことになる。ふたりは，アナライザンドの語る空想の世界に漕ぎ出すのだが，時にそれは夢によって語られ，連想され，夢の意味を理解をしていくなかで，次第に感覚でしかない深い身体記憶の体験世界へといざなわれていく。そして，被分析者の蒼古的な世界がそこに展開される。こうした展開は，分析設定のなかで転移の文脈において生じ，こころが退行していくことに依拠すると言えるだろう。

　そもそも面接において夢を語ることは，アナライザンドが分析家を信頼し，その無意識のこころのありようを伝えようとしてくれることである。夢は，ひとの無意識を探索していくための多くの素材を提供するからである。ただ，夢内容の理解の前に，アナライザンドが夢を語るという行為が分析家にどのような転移が生じているかを二人が理解しておくことがまず必要なことでもある。もちろんフロイトが構築した，要素とその連想から行う夢解釈の方法は，理論的背景にかかわらず，今も分析臨床において重要な位置を占めるものであり，アナライザンドが内的な体験に触れるように手助けする姿勢は，どの学派の分析家であっても同様（Fosshage, l.J.& Loew, A. C., 1978）であるが，特に対象関係論では，夢の内容だけでなく，夢が語られているときの全体状況を考慮した，転移の解釈が重要視される。その視点においては，夢

は治療者に向けて語られていること，治療関係の中で理解されるため，夢素材そのものの無意識的意味にとどまらず，“夢を語る”行為にもアナライザンドの無意識的動機，無意識的意図があることを考慮する。そこには，自己理解を分析家とともに協力的に深めようとするだけでなく，苦痛な情緒の排泄であったり回避であったり，信頼や依存を示していたり，自己愛的世界への誘引であったりと重層的な意味が潜んでいる。そうした夢を語る行為の意味を扱っていくことによって，夢そのものの無意識的意味もまた露わになる。その夢理解を，分析家とアナライザンドがわかちあったとき，さらにこころの痕跡であろう身体感覚体験に至る。それは，蒼古的な世界であろう。

「ウィニコットは，患者には退行する必要があると言う。クラインは患者を退行させてはならないと言う。患者は退行すると私は言おう」（Bion, D. W., 1960）とビオンは述べている。

本拙論では，多くの夢を分析場面に持ち込むアナライザンドとの臨床素材から，“夢を語る”行為それ自体にも，内的な不安や葛藤，欲求を内包する機能を持つこと，そして内的世界の体験として夢内容とその報告行為をともに解釈することで治療的展開がなされていき，さらに退行が促進し，身体感覚の体験，蒼古的世界に至った過程を報告し，分析家との間の何が関与したかを検討したい。

I　臨床素材

初診時20代後半の女性Aは，自分の生き方を好きになりたいと，精神分析を希望して来た。

Aは，思春期に父親を交通事故で亡くしたが，その死を悼めないままであった。その頃より，対人緊張で悩むようになり，自分の生の感覚が持てず，本当の自分ではない思いとなり，母親や同胞，ごく少数の友人との間でも表面的で希薄な関係しか持てなくなった。

就職後，ある女性の同僚からAのファッションや振る舞いを真似されたことをきっかけに，自分が壊れてしまいそうだとの思いが彼女を襲い，ひとと会うことが怖くなって「わけが分からない」感情が突出した。そしてAは，自宅に引きこもるようになり，このままでは，ただ日常生活に合わせるだけの人生を送ることになると感じて，リアルな自分を取り戻したいと精神分析を求めたのであった。

中性的な印象のAは，理知的で情緒表出の乏しい人だった。私はAを，スキゾイドパーソナリティを基本とする病態と見立て，週4回（45分／回），カウチを用いた精神分析療法を提案した。

第1期：

Aは，治療の当初から躊躇うことなくカウチに横になり，身動きひとつせず，長いストーリーのある夢を淡々と語った。毎回ほぼ三つの夢を持ち込み，セッションは夢報告とその連想で埋め尽くされた。

私は，千夜一夜物語でも聞かされるように，紡ぎだされる夢報告を心待ちにするようになった。黒い蛇を捕まえに行き，その蛇が傷ついていた夢や，汚いトイレで用を足す夢，排泄を覗かれる夢など，Aの語る夢に私は魅了され，その文字面の内容解釈に必死となった。夢のストーリーとその連想，要素分析から，私に対する怒りや頼りたい想いといった転移的な解釈をし，その解釈に呼応するように，自分の気持ちを理解しない母親との幼児期をAは想起した。そして40回には，母親と競争して，父親を自分のものにするために「殺した」と語って涙し，私から「裁断される」と怯えるのだった。Aは，自分の問題が父親の死にまつわるものだと知的に理解をし，表面的には父親の死をめぐりエディパルな願望があるとの理解が二人の間で進んだ。

しかし，Aの口調は平板で，Aの夢に釘付けになっている私は，Aにとって「（夢を聴く）役割の人」でしかなかった。私は，必死になってAの夢を理解し，良い解釈をしようとしていた。面接時間いっぱいに，夢が語られ，連想がなされ，私が解釈し，さらに連想がなされるという，一見精神分析的な

展開がなされていただけであった。

　やがて私は，Aの淡々と語る様子と，夢に誘惑されのめり込む私との温度差に，何かおかしいと感じるようになった。そこで79回，'良い' 水の中で餌なしで母親が飼っている金魚の話に「'良い' 水の中で欲望のないあなたのままでいようとしているようです。あなたがたくさんの夢を話されるのは，生のあなたで私と触れ合うのを恐れていることでもあるのでしょう」と介入した。

　やがてAは，「3階建ての家の2階部分が攻撃される」「拉致されて閉じ込められた2階の部屋で，逃げるためにマラカスを振って見世物をする」（104回）という夢から，これまでの自分はひとから攻撃される思いのなかで，偽りの自分でいたことを語った。そして「先生とセックスする」「迫っている危険から先生に助け出される」（111回）夢や，「扉が三つある家。ひとつはトイレ。ひとつは迷路。ひとつはパン屋への入り口。どの扉を開けるか迷っている」（114回）夢を語り，私との関係に恐怖とともに愛着と戸惑いを感じていることを述べた。そこには，性愛と依存の混同，その恐怖をごまかす姿が見て取れた。

　そうした愛情へのアンビバレンス，性愛と依存について扱う中で，188回に「仮設トイレから父がサッカーをしているのを見ていると，父が試合の途中で死んでいる」夢が語られ，長期の休みと関連し，私が死んでいなくなる恐怖が連想として展開された。私との生き生きとした体験，すなわち分析場面で自由に連想を語ることは，私を殺してしまうと感じられていたようであった。「死んだ私を感じることが怖くて，あなた自身でなく，夢の中や，夢を語るあり方の中でその怖さを表してもいるのでしょう」（125回）と，夢を語る行為が，彼女の愛情希求とその恐れを表してもいるという介入をした。

　Aはその介入に対して，連続殺人犯の夢を数回に渡って報告して「自分の中の子どもの部分には爆発する感情があって，それが抑えられなくなると大事な人が死んでしまう」と怯えた。「人殺しをする恐怖をここでも味わっている」という理解を伝えていく中で，いなくなってしまう私が，次の回には生

き残っていることを実感していった。

第2期：

　200回を超える頃より，Ａの話しぶりには抑揚がつき，日常生活やその時の気持ちに言及するといった変化が現れ始めた。カウチの上で手振りを交えて語る一方で，沈黙する時間ももたらされた。私は，必死に夢を解釈するだけでなく，静かに彼女の夢やその連想に耳を傾け，自然に湧き起こるイメージの中でもの想いが出来始めた。

　夜の海で私が溺れているのを彼女が助ける夢から，男の子を産めない母親が連想され，次第に幼児期に遡ってＡの内的なストーリーが情緒を伴ってつづられていった。幼い頃は，きらきらした髪飾りやビーズを好む女の子らしい彼女だったのだが，それを母親から好まれなかったことや，彼女がオーロラの映像に感動したことに母親がまったく興味を示さなかった時の失望を語り，母親との間で自分が認めてもらえなかった思いが噴出した。その時期より自分の感情を控えるようになったとのことであった。そして271回「先生にとっての一番でありたいけど，女である私はダメ」と語り，女に生まれたことで，母親から疎まれ名前すらつけてもらえなかったエピソードを想起した。「期待される男の子にならないと認めてもらえないと思って，そのように偽って生きてこざるを得なかったのですね」と介入すると，Ａは火がついたように号泣した。277回には，「隣の部屋で先生の子どもが聞き耳を立てている。二人きりになる空間を作っていない」と私を批判し，即座に「母親が包丁を持ち出して自分に自殺を迫る」夢を報告して，「先生を傷つけたせい」と怯えるのだった。Ａが号泣するセッションは長く続いた。泣けなかったＡがここで泣ける体験を求めてもいるのだろうと，私は号泣するＡの傍らにただい続けた。面接空間は，Ａが情動を発露する排泄の場となっていった。あまりの泣き声の激しさに，私は虐待通報されるのではないかと危惧しつつ，泣き声という渦中に飲み込まれた。

　私に「休みを取らないでほしい，傍にいてほしい」と要求しては，「先生を

傷つけてしまう」と言って，怯えて泣きじゃくり，愛情希求が相手を傷けるという空想をＡは深く味わえないままであった。そんな繰り返しの390回，「男女の二人組が家に侵入しようとしているため，怖くて自分だけ逃げ出し，家にいる人たちは殺される」という夢を報告した。私・父親にもっと近づきたい思いがあること，それが怖いことだと思っているという連想が続き，そして，父親の事故当日，夜中に知らせを受けたとき，一番お気に入りのオレンジ色の服に着替えて病院に行ったことが想起された。父親と自分にとって特別なことが起こり，父親に近づける思いでうきうきした気分になったのであった。だが一変して，暗がりの病院の待合室では，張り詰めた思いで祈ることしかできなかった。絶望的な悲しみに満ちた語りによって，面接室は，寒く暗い待合室で，父親が助かることを祈っていたそのときが再現されているかのように彩られ，私もその場面に立ち会っている思いとなった。面接室の空気は湿気を帯び，寒々しく変化した。しかし，祈りつつ涙をすするＡに「寒いの？」と声を掛けた母親の無神経さに言及した途端に様相は変わり，エアコンの調整をする私への非難となった。「私はここで暑さも寒さも感じていない。なのに，先生はエアコンに気を取られている！」と。Ａは，父親の事故を，父親を自分のものにしたい願望の成就ととらえ，私からとがめられると恐れていたのだった。さらには，父親の結婚指輪をもらい，それを失くしたことが語られた。

　507回「ピンクの珊瑚を取りに迷路に入っていく」夢をためらいつつ語った。その夢では母親から勧められた修道衣を断り，暗い穴の中で母親を殺すのであった。私は「えぇ↘」と低い声で肯定的に応じ彼女の連想を待った。Ａはしばらく沈黙し，「光」とポツリとつぶやいた。青白い光が一瞬Ａの身体を突き抜けたようだった。私には突然頭痛が生じた。途端に面接室は不穏な空気に包まれていき，暗い闇のなかに吸い込まれていくとＡは語った。洞窟は行けども行けども不気味さと不思議な臭いに満ち，何やら陰に潜む小動物が蠢いていて，Ａに襲い掛かろうとしているのだった。迷路にはまり込んだかのような時間が面接室に流れた。そしてＡの身体が鉛のように重くなり，

動こうにも動けなくなった。翌回も不気味な空気のなかに私たちは共にいることになった。連想なのか，果たして夢のなかにいるままなのか，ここで今感じているものなのか判然としない空気感のなかで，私たちは，海溝に引きずり込まれる感覚を味わったかと思うと，海の泡になって消えていく感覚に身を委ねる時間を過ごすことになった。暗闇のなか，ときに銃撃戦が繰り広げられ，ときに静寂のなかにいた。私は言葉にならない空気感と私の身体にも生じる感覚をそのままに，言葉少なにAが伝えてくれることにうなずき「私たちはこの暗闇を生き延びているのでしょう」と応じた。Aを送り出した後の私は，毎回へたり込んでしばらくは動けないのだった。

　やがてAは，自身が生まれる前に中絶された子がいて，自分も中絶されるかもしれなかったことを語った。「私が女の子だったことで母はがっかりしていた」「ここで感じていることは母のお腹のなかでの出来事かもしれない」と述べた。母親の子宮のなかには，中絶された赤ん坊の痕跡がそのままにあり，A自身も死の恐怖を感じていたであろうと連想がなされた。沈黙のなか，身体に鉛のような死体があるとの感覚や，重力によって引っ張られ土に埋められていく感覚に身を委ねる時間を，Aと私は過ごした。そこでは，重かったり痛かったり息苦しさはあるものの，不思議と恐怖も不安もないのだった。ただ，淡々と感覚だけが身体に生じていた。面接空間は，子宮内空間と化した。私は「今も銃撃戦が繰り広げられている」「冷たい土が少しづつ身体を覆っていっている」と，所々で私が感じていることを今Aが感じているであろうこととして言葉にして返した。

　そうした時間の連続のなか，ふたたび人殺しの夢が語られた。「あなたが女の子であるためには，私を殺すしかないと思っているのでしょう」との介入に，不在の私への怒りをAは直接露にした。私以外の人とAが結びつくことに私が嫉妬しているようにAには感じられていることが語られ，さらには，不在時の私に結びついている人がいることに怒り，その関係を乗っ取り壊したいと言うのであった。

　Aは友人の彼氏と頻回にメールをするようになった。「分析で泣いて，コン

タクトがこぼれ落ちて割れてしまい，メガネをかけて帰ろうとする」夢から，私・友人の彼氏との接触は危険なものという連想がなされた。ところが，その彼氏が交通事故死をするといった事態が発生したのだった。面接に来るなり「私が殺した」と泣き崩れ，Ａが近づいたことによって，友人の彼氏の死がもたらされたという破壊的な一連の空想が語られた。私のこころには，Ａの迫害的な罪悪感，傷つき孤独な姿が浮かび上がった。私がその理解を伝えると，「自分だけの先生でいてほしいけど，そうできないから殺すしかないと思ってしまう」とＡは語った。私はＡの悲しさとしてそれを伝えた。やがてＡは，父親・友人の彼氏の死は自分には責任はなく，母親・友人・私が弱いのは自分が傷つけた結果ではないと思うようになった。

第3期：

　次第に，Ａが大量に夢を持ち込むことは減り，ここでの感覚や実生活の話から，内的な関係性に連想がつながり，私との競争心と私から絶対の愛情をほしい思いを展開していくようになった。

　私には，Ａの空想世界だけでなく，現実生活も見えてきた。同時に，Ａは私との別れを感じ始めた。663回には，「先生も私との別れが寂しいのだろう」と述べて，私がＡに愛情を向けながらも他にもつながりを持っていることに「なんか痛い」としくしくと泣いた。翌回には，父親に会いたいと熱望し，会おうとしている自分を知ることを恐れ，私がそれをどう思うのかと不安がるのであった。そして，職場の気になる男性に接近できずにいる話題が展開し，相手のなかに性的なものが動いているのではなく，自分の中に性的なものがあるのだと気づいていった。

　しかし，「ここでも先生に会っていながら会っていない」「本当に会ってしまうと悲しい気持ちになりそう」と言い，出会いは死を意味するとの思いに再び戻った。ただ，私の中に浮かび上がってきたのは，破壊的な死のイメージではなく，穏やかなそれであった。Ａは，私の休みに関連してこの空想を語り続け，「関係は続いていくものなのかもしれない」と思うようになった。

やがてＡは，748回「こどものライオンが吠える」夢を語り，いまやおとなのメスライオンが自分のなかにいると述べて，女性としての自分を表したいと思うようになった。しかし，この夢の報告が，私の嫉妬を買うのではないかとの思いをＡは語り，751回には「夜中の学校に何が起こっているのか確かめにいく」夢を報告して，そこから両親の性交を見に行くことを連想した。そして，両親には両親の世界があると気づいていき，私との別れを「リアルに感じることが，自分がリアルに生きること」につながるとの思いに発展した。755回に，私たちは半年後の終結を話し合った。

　面接での沈黙が増え，鬱々とした時間が流れ，夢の報告は減り，私との間に生じる思いを直接語るようになった。772回「孤独な感じ。助けてほしいって言いたいけど，どんなふうに言ったらいいかわからない」と，別れが近づくに連れ，私への依存を深めていった。800回を超える頃，「先生や父が私を大事に思っているのなら，何で別れがあるのかわからない」と言いつつも，「別れは，先生と別の世界で生きていくこと」「父は，もういないんですね」と父親の死をしみじみとした口調で悼むようになった。

　そして848回，「今まで排除するか合わせるかしかなかったけど，結論を急がず，合わせず排除しない方法を自分なりに探してみようと思う」と言って，私たちは終わりを迎えた。

II　考　　察

1．治療経過

　治療初期にＡが持ち込んだ大量の夢は，象徴的で魅惑的であったが，多くの夢材料はこころに動いているものの主題が何かを見えなくさせた。ひとつひとつを解釈する中で，知的な理解は共有されていったが，情緒的な接触はもたらされなかった。Ａの情緒を分裂排除した形で夢報告がなされていたと考えられる。Ａのスキゾイド性がここに現れていると思う。Ａは自分の情緒

を感じず知ろうとしない，no-K（O'Shaughnessy, E., 1981）の状態のまま，夢を語ることで分析的な関係を作ろうとしていたと考えられる。カーン（Khan, M., 1993）は強迫的な夢の報告は，特殊なアクティングアウトであると言っている。Aにおいても，夢がその報告によって本来の意図とは異なって使用されていたと言える。一方，夢に魅了され，その内容理解に必死となっていた私のこころは，漂えずにいた。私の狭義の逆転移が働いていたことは否めないが，そこにはAの病理性も作動していたと考える。Aは自己理解を求めながらも，そのこころの真実に向き合う苦痛に耐えられないとの思いから，防衛を駆使して今の状態に留まるあり方を，私との関係に投影していた可能性である。Aは，私を「夢を聴く役割の人」にしつらえ，生の私とは触れ合わないで済むようにしていた。

　しかし他の側面として，彼女の夢を必死に理解しようとする私は，Aに関心を持ちその世話に専心する母親としても体験されていたと思う。それは，幼い頃Aが得られなかった母親の愛情を独占したい思いを意図するものでもあったようである。

　三つの夢を同時に持ち込むあり方には，彼女のエディパルな問題が含まれており，第1期における夢素材からの解釈と理解は，Aがこれまで否認してきた父親の死という事実を意識に浮き上がらせることになった。ここにはAの夢を見る能力という健康な部分の作動があると思う。また，A自身が父親と通じるものを持っていることを感じることが，母親を殺してしまうという恐れがあったのだろう。

　二人の温度差に気づいた全体状況への私の介入は，彼女が私に何を求めているのかを私自身が自問し，Aの恐れとして理解したものであり，Aは私に依存する恐れを夢で伝えることができるようになったと考える。私は，彼女の夢語りを否定せずに聞き，内的な恐れを引き受ける安心できる対象であったと思われる。その上で，Aの情緒に働きかけるには，私のなかの，Aの混沌とした無意識世界をさまよう側面と，その側面を支える全体を見据える側面との2つの側面——ビオンが「赤ん坊が投影同一化によって処理しようと

懸命になっているものを体験できるし，そうしながら均衡の取れた姿勢を保持できる母親」（Bion, W. R., 1959）と記述している心的態勢──を要したと考える。

　第2期では，夢の潜在的意味が報告によって攪乱されて伝えられていることは，偽った自分でなければ母親から受け入れてもらえなかったとの思いが，私との関係に転移されているという介入によって，面接に沈黙という空間が生まれ，号泣という情動の発露が生じた。その激しい情緒を静かに私が抱えたこと，その背後にある恐怖への介入により，Aは私に直接怒りを向けられるようになった。自身の女性性は母親から受け入れられることのないもので，それを表現するには，母親を殺すしかないとの思い，殺すことしか愛情を独占する方法はないというAの思いの背後には，Aの傷つきや孤独があるという理解を伝えていく作業によって，Aは私の存在を実感していくことができるようになっていったと考える。

　母親を洞窟のなかで殺す夢から，Aは退行し深い身体感覚の世界へ入っていく。それは，おそらくはこれまで考えようのない記憶であった可能性がある。ウィニコットの言う凍結された記憶（Winnicott, D.W., 1949）であろう。私という依存対象の存在があって解凍されたのかもしれない。そして，私がその身体感覚による投影をそのまま引き受け，ともに彷徨ったことによって，その私の不在は，Aによる破壊の結果ではなく，単に不在であると知ることのできるこころの空間を生み出し，防衛としての夢報告のあり方は不要になっていった。彼女が去った後，私は放心状態になり身動きが取れなかったが，面接空間にはAの内的世界がそのままに残り続けていた可能性があろう。愛情・攻撃を向けても死なない対象として私を感じられるようになって，Aの夢は象徴として連想を生み，Aの内的世界におけるパーソナルなストーリーが展開した。

　第3期では，私とのもの想う関係において，夢は思考し，このストーリーは書き換えられていった。二人が，夢の理解と連想を重ねていく作業を繰り返すことによって，A自身が情緒を排除するという防衛を講じずとも，母親

との安心した関係性がなかったことに対する怒りや悲しみという苦痛に，Ａが持ちこたえられるようになっていったのだと考える。それは二人の別れをテーマにすることでさらに進展した。夢で伝えなくとも，私への直接的な思いを語ることができるようになる――それは自由連想ができるようになる過程でもあるが――そのなかで，父親の死を悼み悲しむという作業が可能となった。私との別れの作業を通して，Ａがリアルに生きることへとつながっていったと考えられる。

2. 夢の使用，夢の活用

Ａには，象徴的な夢を見るという非精神病部分が機能しており，夢を報告する姿勢があることは，私にＡの内的空想のあり方，潜在思考を伝えようとしていると考えられる。「夢を語るということは，心の内奥を語るという信頼に満ちた行為であるとともに，それ自体に内在する真実に満ちた行為であると感じる」というメルツァー（Melzer, D., 1984）の述べるところである。夢内容は，Ａの無意識的な現実世界を生々しく表してはいるが，その夢を語ることは，生の感覚から距離を置いてこころの痛みを調節することができるため，苦痛な理解を受け入れることを可能にもする。Ａにおいても，要素分析を通した夢素材の理解，転移的な理解は，彼女に父親の死を受け入れられないでいることを気づかせることになった。

しかし，その気づきは，現実的には生の感覚として十分に受け入れられなかったであろうことは，Ａと私のあり方の温度差に現れた。逆転移的に，私が彼女の夢に魅了されのめりこんだことは，分析的に治療を進めたいという私の欲望もあったが，Ａが彼女の内的世界に私を誘い，現実の私と出会うことによる混乱を避ける目的で使われる「飛び地 enclave」（O'Shaughnessy, E., 1992）に二人で留まり自己愛的な関わりを求めるあり方でもあったと考えられる。私の「生のあなたで私と触れ合うのを恐れている」との解釈は，彼女の夢使用のあり方が，象徴としてのそれを率直に伝えるのではなく，"報告する"ことに力点があり，病理的に苦痛を避ける方策であることの直面化であっ

た。また，多量に夢を持ち込むあり方は，夢における情緒的体験を排泄するために用いていた一面があるとも考えられ，何を伝えようとしているのかを見えなくさせるという，私を攪乱させ内的な課題を回避するあり方だったと思われる。

　このように夢が，一面ではその内的苦痛を象徴していても，他の面において防衛的に使用されていたと考えられる。菊地（2006）は，一見象徴化された表現と伝達の形式をとりながらも，本質的には心的要素が行為の中に具象的に排泄されることを示しており，皆川（2014）は，夢を報告することが投影同一視によって病理的対象関係の再演に使われている様を報告している。Aにおいては，夢そのものではなく，夢の報告のあり方が病理的になされていたのだと私は考えており，その解釈は，治療の進展に寄与した。

　夢は無意識的な思考（Melzer, D., 1984）であり，夢のなかに無意識的情緒的現実があると考えると，Aが夢を見ていることそれ自体が分析作業への信頼を示しているといえる。ただ，その夢は報告という形式をとらなければ分析者には伝わらない。この"報告する"という行為が，夢理解を無意識的思考としての理解だけでは十分とは言えなくさせてしまうのである。私たちは，「夢ではなく，夢見る人を分析する」（Segal, H., 1991）のであるから，夢を報告するあり方にも目を向けておかねばならない。夢そのものは思考し，また情緒的苦痛を表していても，夢が報告されるときには，報告によってその思考や情緒が分析者に伝わらないようにしてしまうあり方である。潜在夢が加工されて顕在夢となり，さらに報告の段階で夢がだまし絵のようになって分析者に届くという理解である。しかし"だまし夢"には象徴的な意味が隠されてもいる。このだまし絵的な様相そのものに，蒼古的な対象関係が反映されていると考えられる。衣笠（1998）は，早期の対象関係における内的な状況と，その転移関係に集中して解釈し，抵抗のための使い方まで考慮する必要性を，松木（1997）は，夢素材を転移−逆転移の観点から内的対象関係につなげて解釈することの重要性を述べているが，「夢報告」のあり方も同様であろう。そして，夢を見，夢を語っているその時に抱いている内的な空想

60 第1部 精神分析的邂逅

や情緒を見出し解釈することである。

　ひとの内的空想の中には，非精神病部分の作動とともに，病理的部分の作動によるものが混在している。顕在夢を分析者に向かって語っていること自体に，この両方の側面を考慮しなければならないだろう。すなわち，顕在夢を象徴的側面からとらえて潜在夢は何か，そこにある情緒——防衛的，病理的なものも含む——は何かを転移的に理解する姿勢とともに，報告する段階においても，その意図するところ，病理性に留まろうとする内的理解への抵抗・防衛的側面からとらえる姿勢である。その人の健康度・病理性によってさまざまではあっても，この両側面への理解に基づく解釈が，夢による分析作業には必要ではないかと考える。

3. 蒼古的体験・面接空間における退行現象

　精神分析設定そのものが特別で非日常的なものであり，その設定において分析家は被分析者にとって特別な人——転移的な存在——となる（馬場，1999）。それゆえ，退行的に，仰臥してみずからの連想を正直に話すという行為が可能となるのだろう。退行現象は，精神分析治療において必然的に生じるものであり，それによって表されるものが転移だと私は考えている。松木（1998）は「退行と転移は精神分析設定のなかのある特異な現象を異なった視点から概念化しているにすぎない」と述べている。メニンガー（Menninger, K., 1959）は，「退行は精神分析療法の治療状況に対する患者の第一の反応」と述べている。治療的退行と呼ばれるものがそれである。しかしながら，そうした退行現象が直線的に進むとは限らず，Aの場合「夢報告」は上述のように抵抗であり，防衛的側面があった。そうした防衛的側面が私との間で理解されることは，同時に夢の潜在内容もまた受け入れられたと感じられることであり，Aの破壊的な空想を私がコンテインし，結果としてAの退行が深まったのではないだろうか。

　このとき私の「えぇ↘」と発した肯定的な低い声は，Aを夢とも今の状況とも判別のつかない身体感覚の状態に引き込んだと思われる。Aの連想を待

つ私の沈黙で，Aと私は二人関係に退行したといえる。Aの身体を貫いた青白い光は，身体感覚の世界への引導であり，そのときに生じた私の頭痛は，共感覚的な等価物であった可能性がある。私たちはバリント（Balint, M., 1959）のいう基底欠損領域におり，Aは言葉を失い，私は，自身の身体感覚と空気感だけを頼りに面接空間に存在して，投影されたAの感覚をそのままに受け取った。それは非言語的な状況を理解するのに役立ち，そうした理解をすることは，面接の後半でAが体験した身体感覚を言葉にすることに寄与したと考える。

　その体験は，早期の外傷的状況に遡ったものであろう。面接空間のなかで，凍結されていた考えられない記憶が解凍（Winnicott, D. W., 1949）され，具体的に身体感覚として体験されたと思われる。それは，出生時の外傷ではなく，出生前の胎内における身体記憶であったであろうことが，Aによって再構成的に連想されたことは興味深い。Aの単なる空想ということもあるだろうが，私はAの真実としてとらえたし，私に投影された身体感覚は確かなものと思っている。胎内の記憶は，身体感覚として刻み込まれているのだろう。蒼古的体験に至るこうした退行は，部分的なものであり，面接空間という特殊な環境，転移的な関係性が展開されているからこそ生じると私は考える。私がそこに居て，Aの連想を否定せずに聴き続け，ともにその感覚に浸り，私がそれをところどころで言葉にして返すことによって，深い退行状態である蒼古的体験から，三者関係という現実的な話題へと展開していったのではないだろうか。

　面接空間において，胎内の感覚記憶・身体記憶へと深く退行していくことに，分析家もまた投影的に身体感覚にさらされるが，その感覚に浸りつつもそれを言葉にする機能を失わずにいることが必要とされると考える。

おわりに

　面接空間において，防衛的な夢報告の在り方の理解から夢の潜在内容の理解を分かち合うことができたところ，蒼古的体験である感覚記憶を身体感覚として持ち込んだ分析症例を報告した。治療的にこのような退行状況が展開するのにあたり，アナライザンドの表出しているものを分析家は率直に受け取り，分析家のなかで熟考して，防衛的にも内奥の真実への理解にも解釈することが，アナライザンドをコンテインすることにつながっていったと考えられた。その結果，深い退行が生じたが，その退行状況である身体感覚にも逆転移的に浸りつつも言葉にしていく分析家の機能が，アナライザンドがリアルに生きることにつながっていったのではないかを検討した。

【エッセイ】

熟成されていくもの
ビオンとの出会い「ビオンに学ぶ分析臨床」討論より

はじめに

　ビオンについての特集は，1991年にも教育研修セミナーでの討議に基づいて掲載がなされている（精神分析研究35巻3号，pp.182-268）。そこでは，記号化された理論や哲学的な思索についての紹介が主である印象が強かった。しかしながら，ビオンの著作が邦訳されてきており，直接英国で研鑽を重ねてきた先輩方が帰国して，その体験を私たちに伝えてくれることによって，ビオンの語っている事柄を，臨床において実践されるものとして捉えられるようになってきた。

　私は，ビオンを学び始めた初心者として私のビオンとの出会いを若干お話しし，素朴な疑問やわからなさを質問したいと思う。

Ⅰ　出会い

　私がビオンと出会ったのは，精神分析を学び始めた初期のころに参加していたセミナーであった。それは "Second Thoughts"（1967；邦訳『再考——精神病の精神分析論』松木邦裕監訳，2013）のあの奇妙な表（グリッド）であり，当時セミナーでは，そのグリッドが書かれた用紙を虎の巻よろしく皆が携帯していた。だが，私には，グリッドに書かれている縦軸は一体何なのか，何故このような配列なのか，横軸は何を表す

のか，その交わったところでは何が生じているのか，皆目見当がつかず，そのまま放置し，断念してしまった。そのわからなさは，尋常ではなく，これが精神分析であるなら私には無理だとあきらめたほどにインパクトの強いものであった。

　ところが，留学時に言葉の通じない世界で一人あれこれ自分を見つめる作業をしていると，棚上げしているわからないものが，あるとき腑に落ちるという体験をするようになった。それを言葉にしていく精神分析に再び気持ちが傾き，精神分析の訓練に入ったのだが，そのとき手にしたのが，祖父江典人先生が訳された，『ビオンとの対話——そして，最後の四つの論文』（邦訳1998）だった。今でも覚えているが，一気に読んだのだから，大変魅了されたのだと思う。ただ，頭の中は当惑し攪乱されていた。攪乱という言葉がぴったりだったと思う。やっぱりビオンはわからない，それが素直な感想であった。神経症レベルの人たちと週1回の頻度で会っているときには見出せる思考の流れが，そこには見出せない。どうしてこの解釈がなされるのか，どのような流れでこの介入が出てくるのか。実際は，ビオンと質問者の対話なのだが，何故かそう感じたことを明瞭に覚えている。しかし，この感覚はそのまま放置され，しばらく過ぎていった。

　ところが，私自身が週4回のセッションを行い，比較的重い患者さんとの分析を実践していくと，ビオンが書いていた事柄，「記憶なく，欲望なく，理解なく」いう感覚が大変大事だと感じるようになっていった。セッション直前に，慌ててスーパービジョンの内容を読み返して，スーパーバイザーの言葉を丸暗記してセッションに臨むようなやり方では何も変化をもたらさないし，そこで生じている事態——患者さんの無意識的思考——をつかむことができないことに気づいていった。

II 拙臨床体験

　私が，非定型精神病の30代前半の女性と，週1回の対面での精神分析的精神療法をしていたときのことである。私は彼女の投影同一化にすっかりからめとられ，まったく身動きが取れず，二人は険悪な関係に陥った。彼女に「私が怒っているんじゃない。あんたが怒っているんだ」と言われたとき，過剰な投影同一化に私が投影逆同一化した状態，「私は怒り，そこで何が生じているのか頭が真っ白になり私の情緒は混乱した」状態になっていたが，同時に「この人は痛がっている」「この人は私になりたがっている」という思いが私に浮かんでいた。それは，彼女の生活史やこれまでのセッションでのやりとりが私のなかにあって，それがひとつひとつ記憶として想起されるのではなくて，まとまりとして私のこころに浮かびあがってくる体験であった。

　そうした彼女とのセッションは大変苦痛で，セッション中に私は「ここから出ていきたい」と思うのだが，そのときに浮かぶのは，彼女が部屋から出ていくイメージであった。彼女とは長い間膠着した面接を続けることになった。面接場面で，私は黙っているしかなくなるのだが，その間，彼女の姿の背後に別の寂しそうなシルエットが重なって見えてくる体験も生じた。重苦しい沈黙のそのときに，私自身の訓練分析家とのやりとりが頭に浮かんできたり，スーパーバイザーの声が浮かんだりという時間を過ごすことになった。これは，後知恵としてみるならば，彼女が投影同一化というコミュニケーションをしかけてきて，私がそれに対応している状態であったように思う。その後知恵をもまた私のこころのどこかにしまい込んで，それらが結集した介入をあるとき行うことができた。その結果，彼女とは心理的に接近することになり，彼女は依存の感情を意識化することが可能となった。私自身はほっとしたが，それ

もつかの間，彼女はサイコーティックブレイクダウンを起こしてしまうことになった。結果的には入院という事態がもたらされたのである。

私は，罪悪感と見通しのなさに消沈しきっていたが，私にできることは，ただその時間を彼女とともに過ごし，起きた事態を解釈することだけだとの思いで彼女に会った。そのとき彼女は，あえぐような，溺れているような声を発していた。私は，その声のありようが彼女のこころの状態を表していると感じ，それをそのまま伝えた。この介入によって，抑うつ的な側面が語られ始めた。

もちろん，生じている事態をスーパーバイザーが言葉にしてくれるという作業があってこそ得られた変化ではあるのだが，この症例から，精神病水準の病者のなかにも，抑うつがあって，それを防衛しているのではないかと思うようになり，ビオンが妄想－分裂ポジションのなかにも抑うつの痕跡を見出していったことが，私のなかでも納得できる感じになっていった。

その後は，ボーダーラインケースや神経症水準の人との面接のなかでも，痛みにどう触れるかという視点で見るようになったが，そうしてみると，その人の意識的レベルの言語での話と，無意識的レベルでの話，非言語的な話，そういった多重の水準の会話が面接空間にいる二人の間でなされていることに目が向くようになった。それは，ひとつの交響曲としてそこに音楽が流れていることが，各パートがメロディーを奏でている結果であるというイメージだと思う。曲として聴くことと，各々のパートとして旋律を聴いていくことが同時になされていく，といった作業を私たちは強いられているのであろう。それらが私のなかにいったん入っていって，意識的には忘れ去られ，再びその人と向き合ったときに，選択されている事柄が結集して，ビオンのいう直観というものに結びつくのではないかと思う。

Ⅲ　疑　　問

　ビオンの考えというのは，グリッドのように緻密に練り上げられた理論的なものでもあるが，私には，被分析者との体験での，治療者のなかで熟成していく情緒過程を思考過程に変えていくというプロセスを語っているように思える。ひとつひとつが直接そのときのセッションに役立つというマニュアルではなく，精神分析の実践のあり方を示唆してくれる「般若心経」のような，何度も読み返していくうちに，私のこころに滲みこんで精神分析を行うということの姿勢を形成してくれるものというイメージである。

　ビオン自身は，『経験から学ぶこと』（1962）の序論で，「本書は，最初不明瞭かもしれない部分を調べないで，一度最後まで通読するように書かれている」と述べているが，それは精神分析を実践する者の中で熟成してくる感覚や思考に価値を置いているということではないだろうか。

　精神分析を学び始めた初期には，ビオンの考えは理解しづらく，精神分析の実践を積み重ねるなかで，徐々にビオンの理論が生きてくるということだと思う。藤山論文（精神分析研究 Vol.52 No.2, 2008）では『注意と解釈』（Bion, W., 1970）の一節を引用して，ビオンを知ることと精神分析の体験とが比例するものであることが述べられている。それは，熟成する感覚や思考をビオンが重要視したことと関係することなのであろう。では，どういった姿勢での精神分析の実践が，ビオンをより理解できることになるのか。言い換えれば，経験から学べるように経験するには，どのような姿勢が求められるのであろうか。

　次に，ビオンの概念は，よく知られていて，セッションの後知恵として，何がそこで生じていたかを考えるときに有用に思うが，原典にあたると難解でわかりにくい。「不可解，難解，観念論者，臨床家ではない」

と，祖父江論文（精神分析研究 Vol.52 No.2, 2008）でその私的ビオン前史体験が語られているように，原典にあたることは，反ってビオン理論を敬遠させることになるような気さえする。しかし，原典にあたらずして真にその人の理論を理解することはありえない。では，どういうタイミングで原典を読むのがビオンの理解を促進するのであろうか。祖父江論文では，精神分析理論も先入観になりうると述べているが，理論のない臨床は無謀でもある。空白としての「不在の乳房」に持ちこたえることと，不在を認識するためのK（道しるべとしての理論）を獲得することは，同時進行になされるべきことなのかもしれない。ビオンは，『精神分析の要素』（1963）で，「面接について分析の外で熟考したいと望むとしよう。彼は疑わしい素材をグリッドに照会すればよい」と述べている。グリッドは，不在の乳房に持ちこたえるための方策なのだとも考える。

　三つ目には，ビオンの理論というのは，精神病の臨床経験から編み出していった理論のように思うが，精神病や自閉症などの重いケースの分析臨床をしないと本当には理解できないのであろうか。平井論文（精神分析研究 Vol.52 No.2, 2008）では乳児観察から得られたビオンを超えた理解の仕方として，非象徴的相互作用という捉え方を提示している。それは，関係性の成り立つ以前の相互作用ということだが，相互作用であるからには，なんらかの関係性がすでにそこにあるように思う。こうした疑問は，自閉症とかかわってみることで腑に落ちるのかもしれない。また，ビオンの古典的な投影同一化－α機能モデルは，不十分なのではないかとの見解がなされている。

　投影の過程が相互的なものであるということには同意見であるが，そこで説明されている「母親が積極的に乳児に関心を払うこと，意識的関心だけではなく，無意識的関心を払うということ」というのは，ビオンの言う母親機能としての「夢想」とは異なる事象なのだろうか。示され

た「投影をそのまま受け止め，抱え続けること」という発想は，ビオン
のコンテイナー／コンテインドの考え方をベースとしていた見方であり，
そこではどちらか一方のベクトルだけでなく，両方向のベクトル作用が
生じているとの考えは示唆に富むものと思う。また，「主語を省いてその
情緒を治療者も担っているという含みのある伝え方が必要かもしれない」
というアルヴァレズの技法は，実に日本語的な伝え方であることは興味
深い。

　四つ目は，古賀論文（精神分析研究 Vol.52 No.2, 2008）では，進展し
てくるもの，選択された事実の結集を待ち，直観していくケースが示さ
れている。治療者のなかで生じてきた，Ａとの分析過程での一連の事柄
がふっとひとつにまとまって解釈が可能になるというプロセスは，リル
ケの言葉に端的に表現されている。「追憶が僕らの血となり，目となり，
表情となり，名まえのわからぬものとなり，もはや僕ら自身と区別する
ことができなく」なるまで“待つ”というこころの姿勢が鍵なのではな
いだろうか。これは，藤山論文にある治療側の「自然で，解釈があっち
のほうからやってくる感じ」と説明されていることにも言えるだろうし，
この“待つ”という行為そのものが，フロイトの「自分の無意識を患者
の伝達しつつある無意識に受容器のように差し向ける」ことになり，ビ
オンのいう“becoming”のように思う。果たして，Ｏ，選択された事実，
進展してくるもの，直観は，分析作業の内容を考えるときにどのような
位置づけになるのであろうか。

　最後に，藤山論文で「自然にことを運んでいればなんとかなっている
ようだ」と述べられているが，この感覚で二人が出会うことが精神分析
なのかもしれない。ビオンは『再考』（1967）の中で「精神分析を治療
や改善をともなった治癒と同等視する傾向が，精神分析が制限され始め
ていることの警鐘」と述べているが，精神医療のなかではどうしても治

療として精神分析をとらえてしまう。このことは精神分析がOとはかけはなれて「治したい」という欲望に満ちたものとなる。ただ，なかなかこの欲望から解き放たれないのが正直な感想であり，「記憶なく，欲望なく，理解なく」セッションに臨む難しさを強調して，祖父江・平井・古賀・藤山・各氏の「ビオンに学ぶ分析臨床」論文への討論を終わる。

第2部

摂食障害を生じるこころ・
パーソナリティ障害に
見るこころ

摂食障害を患う方たちも，パーソナリティ障害と目される方たちも，ガラスのように傷つきやすく，壊れやすいこころを持っているように思う。彼らは，誰よりも深く愛し愛される唯一無二の関係を求めるが，その想いは現実にはいつまで経っても叶えられることはない。

それゆえ，さまざまな破壊的行動によって，その想いも，叶わぬ現実も見ないようにし，否認しつつ，さらに求め続ける。身体を削り続ける行為しかり，自傷行為しかり，自殺企図しかり，攻撃を向けるあり方しかり，マゾヒスティックにへつらう行為しかりである。度重なる破壊的な様相に，周囲の者は辟易とし，顔を背ける結果を生んでしまう。その周囲の反応にまた彼らは傷ついて，破壊的行動が繰り返されることになるように思う。そして，自分は必要とされていない，生きる価値がないとの想いに苛まれ続ける。

彼らは行動で，自分のこころに触れようとすることを回避し，積極的に苦痛な情緒を排泄する傾向にある。破滅解体の恐怖，破壊の恐怖がそれを後押しする。それでも，彼らの健康なこころには，自分を理解されたいとの想い，安心して依存できる関係を求める想いがあるので，そのこころと手を結ぶことが私たちにできることなのだと思う。しかし，手がつながったと思った途端に，彼らの病的な行動によって再び手は暴力的に振りほどかれ，触れることすら難しい状況に陥ってしまう。私はいつも，野良猫が「シーッ！」と威嚇しながらこちらをじっと見て動かない情景が思い浮かぶ。自分すら信用できない彼らのこころは，常に戦闘態勢なのだろう。油断してはならないとの想いにあるようだ。彼らとの精神分析的な営みは，「bad job」だと思う。喪失の悲しみにどう触れていったらよいのか，自尊心を取り戻すにはどうかかわるのがよいのか，私には，彼らと共に苦悩することしかできないのだが，それゆえに，彼らとの分析的な時間からは，ひとの持つ根源的な悲しみや孤独，絶望の淵を教えてもらえるものでもある。

拒食症における不安の源泉

はじめに

　拒食症はみずからの抑うつ不安や葛藤を否認し，拒食という行為でその不安を解決するパーソナリティの病理である。その治療過程は容易なものではないが，治療者が患者の健康な自己部分（非精神病部分）に働きかけ，病的な状態と恐れや絶望に圧倒されている内的体験とを丹念につないでいくことで，症状そのものは表層的には消褪していく。しかし，その根底にある抑うつ不安をワークスルーするには，さらなる困難がある。否認していた情緒に出会うためには，再び恐怖を体験するからである。

　私は，拒食症状そのものは妄想－分裂ポジションにある精神病部分が作動している病態であると考えているが，患者は抑うつポジションにある非精神病部分も同時に持ち合わせてもいる。そして特徴的心的状態が，妄想－分裂ポジションから抑うつポジションへと移行していくことが，より自由なこころをもたらすものであるが，その移行は進展と退行を微細に行きつ戻りつする行程を歩み，一直線になされるものではない。

　ここに，ある思春期拒食症患者が症状を放棄するまでの精神力動的治療経過を示し，その後の抑うつを精神分析的セッティングでワークスルーした過程を呈示し，拒食症におけるこころの層構造と不安の源泉について検討してみたい。

I　臨床素材

　女子中学生のAは，2カ月間で十数キロの体重減少をきたし，養護教諭の勧めで母親に伴われて来院した。これまで内科において諸検査を受け，異常はないとのことであったが，BMI 11.2の体格で「何の問題もない」と言ってAはにこにこしていた。

　Aは学校での成績も優秀で友人関係も良好であり，家では率先して母親を手伝い，一つ違いの'出来の悪い同胞'の面倒をよくみる'出来の良い娘'のようだった。母親はおろおろしてはいたが，Aの精神的問題については否定した。

　Aは「ただ食欲がなく食べられないだけ」と精神科受診には不本意そうであった。私は触診も含めた身体診察をし，「こんなにやせちゃってるね」と身体に向かって静かに伝えた。するとAは「必死で食べようとするんだけど入らない」と心細げに応えた。「内科での検査で異常がないのに『食欲がない』のはどうしてなのかな」と私がつぶやくように言うと，Aはうつむいて「わからない」と小声で答えた。「今の状態を何とかしたいと思っているあなたもいるのでしょう」との私の言葉に，首を傾げながらもわずかにこっくりとうなずいて，Aとの治療は始まった。

　週1回，30分の個人面接と20分の母親同席面接というセッティングをし，父親にも来てほしい旨を伝えたが，父親は病院の外までAを送ってくることはあっても待合室に入ってくることはなかった。

　個人面接ではAの情緒に触れるように介入し，「何の問題もない」と言いつつもやせ続け，一方ではしかたなしにではあっても治療に通ってくる態度のなかに，私に伝えたい何かがあるのであろうとの理解を伝えていった。おどおどしている母親との同席面接では母親の不安を主に扱い，やや教育的に思春期のこころのあり方や拒食の心理的意味合いを伝えていくようにした。

　しかし，面接に通ってくるAは愛想良く表面的な態度で私の質問に「はい」

「いいえ」と答えるばかりで，面接は深まりを見せないままに過ぎた。みずから話すことがあっても私に合わせた話題を選んでいるかのようであった。同席面接では，母親の前でＡはまったく黙ったままであったし，母親は「どうして食べられないのでしょうか」と同じ質問を繰り返した。私のなかに無力感だけが投げ込まれ，治療の見通しが立たないような思いが生じた。

　体重はさらに減少し，それに伴い学校に行くことすら困難になっているのにもかかわらず，Ａは試験の成績や出席日数にとらわれたままだった。そうした実際の状態と乖離しているありさまを直面化するようにし，これまでのやり方にしがみつかざるを得ない心細さがあるのではないかと伝えていった。Ａの態度は表面的なにこやかさや全くの無関心から，私に依存的になっていき，少しずつではあったが，Ａは学校での友人関係の困難さを語り始めた。

　それは，運動系の部活動でＡの成績の良さを妬んで友人らの嫌がらせがあることや，試合での失敗をひどく責められること，友人に嫌われたくなくてイヤと言えず合わせるばかりだったこと，勉強だけが評価されることだと思って必死で努力してきたこと，優等生と言われることはとても苦痛だがそうでない自分は価値がないと思っていることなどであった。私は，そうした苦しさを必死の努力でなかったかのように振る舞ってきたあり方を明確にしていくようにした。すると話題は次第に家庭の中でのことになっていった。Ａは，成績が悪くいたずらばっかりする同胞が母親に心配をかけているので，自分は成績の良いいい子でいるように心がけてきて，一度も母親から叱られたことがないと述べ，自分が望んでしたことではあったが，反面同胞を羨ましく感じ，いい子でいることで褒められはしても淋しい思いをしてきたと語った。そして「私がいい子でなくても，お母さんは私のことを好きでいてくれるかな」と，母親から愛されていることに自信が持てないようであった。

　この頃Ａは受診の時にはこっそりと錘を下着に忍ばせ，体重をごまかしていたのだが，そのごまかしの体重すらBMI 10を割ろうとしていた。食事は相変わらず決まった薄味の茹でた野菜少量のみを，何時間もかけて（1食に4〜5時間かけていた）かろうじて摂取し，その食事の時には母親に同席するこ

とを求め，他の家族と共に食卓を囲むことは拒否し続けていた。自宅ではストレッチ体操と腹筋運動が日課となって，じっと過ごすことはないようだった。

　中学はようやくの思いで卒業したが，高校進学はＡみずから断念した。私は外来での点滴や栄養補助剤の投与にも限界があることを感じつつも，入院を拒否する母娘を説得することはできなかった。そこで母親には，とりあえず日々続けられる運動を頑なに止めてもらうことを本人の前で約束してもらい，食事摂取の時間を制限し，家族と食卓を囲むことをせめてもの条件に，外来での加療を続けた。Ａは「先生とお母さんがぐるになって，私を苦しめる。こんなに辛いのに！」，「わかってくれていたはずの先生なのに私をちっとも信用してくれない」と私に攻撃的になった。私は「あなたが命をかけて伝えたい苦しみを私は理解したいと思っているけど，あなたの命がなくなってしまっては何もならないでしょう。私はあなたの命は護りたい」と伝えた。

　Ａは反発しながらも家族と食事を取り始め，体重は若干増えていく傾向を見せた。ところがこの時，Ａは急激な腹痛を起こし救急病院にかかった。内科医から多量の下剤が処方され，以来，Ａは正当な理由をもってそれを常用するようになった。私は落胆する思いで「あなたの身体に急に栄養が入るようになって，身体がこれまでの動きではついていけなくなってしまったのでしょう。確かに腸の動きが悪いのかもしれないけれど，あなたのなかにまだ肥りたくないあなたがいるために，下剤が手放せなくなってもいるようです」と伝えると，Ａは「肥ることが怖い」と述べ，半泣きになりながら「肥ったら，先生だってお母さんだって私の心配をしてくれなくなる」と語った。この時期，Ａはかんしゃくを起こして母親にくってかかり母親を驚かせたりもしたし，手首自傷をして私に「死にたくて」と今の自分の姿に耐え難い思いを訴えた。

　私は，そうしたＡの抑うつ感と行動でそれを排除しようとするあり方に直面するように介入し続けた。またやせていることの内的なメリットとデメリットを話し合ってもいった。Ａは「治りたい自分と治りたくない自分がいる」と言い，「治ることによって見捨てられる怖さがある」ことが語られて，この

怖さについて面接で扱っていくうちに，Ａは徐々に多食へと変化した。とくに柔らかいパンを好んで摂取し，体重を多めに回復させた。治療を開始して2年ほど経過していたが，それと並行してＡは抑うつ的になってもいった。家にひきこもり，母親との密接な関係を求めることが続いた。「お母さんのそばにいないと不安」と言って，夜は母親の布団にもぐりこみ，母親のトイレにまでくっついて回った。母親はややくたびれ，戸惑いながらも「この子が小さい頃はこんなことがなかったから，今やり直しをしているんですね」とＡの要求を受け入れた。

　その後Ａは強迫的に掃除や部屋の片付けをするようになった。手洗いが頻回になって，その手は真っ白に粉をふいてがさがさに荒れたが，Ａは頓着することはなかった。「外の世界は怖い」と窓を開けず，自室には誰一人入ることを拒否した。こうしたあり方を，自信のなさや他者から侵入される不安として介入していくと，Ａは幼い頃の甘えたかった思いや大人に褒められることで安心を得てきたことを語った。発症時に学業成績の行き詰まりを感じ，自分が無価値な感じがしたことも情緒を伴って述べられるようになった。Ａが自分に自信がなく，これまで孤独の中にいたことが私たちの間で理解されていき，本来は甘えたい自分がいるとＡに意識化され，それに伴い強迫行為も目立たなくなって，1年遅れて高校へ進学した。

　この時期，私の都合で治療場面を変更する必要が生じた。Ａは「もう食べ物は怖くないし，やせていたいとも思わないけど，私の中にぽっかり穴が開いていて，真っ暗でそこには何があるかとてつもなく怖い。私の世界はモノトーン。それなりに安心で私はそれで十分でそこに居続けたいけど，でも開いた穴が何なのか，何が怖いのかを知りたい」と語った。そこで私たちは，母親との同席面接は終了とし，新たに私の個人面接室で対面での精神分析的セッション（45分／1セッション）を週1回持つことにした。治療を開始して2年8カ月目であった。

　場所を移動し精神分析的枠組みでのセッションの初回，Ａは面接室での私への戸惑いを語った。白衣を着ていない私は「ふつうの人」で，「病気を治し

てくれるお医者さん」ではなくなった。しかし嬉しそうに「先生って意外と小さい」と言い，面接室を「純粋で汚れのない真っ白な護られる空間」と表現した。私が「私に護られていたいけど，護りきれる私なのか，不安でもあるのでしょう」と解釈すると，Ａは，「お母さんはお父さんの前では何も言えなくて，お父さんの言いなり。お父さんが横暴なことを言っているのに，お母さんは何も言わないで従っている。私がお母さんを護ってあげなくちゃって思う」と語った。そして，父方祖母や父方の親戚に対してひどく気を使っている母親をかわいそうにずっと思ってきたことを述べた。

　Ａは，私がＡの顔見知りの同僚男性と共に仕事をしていることを「大好きな先生たちが一緒にいてくれるので嬉しい」と言ったが，手洗いが頻回なことに連想が及び，「自分に汚いものがついていると感じて手洗いをしてしまうし，外から自分の中に汚いものが入ってこないように，部屋もきれいにしておかねばならない」と語った。「私が男の人と結びついているようで，それはとても汚いことだと感じられているのでしょう。その汚いものがあなたのなかにも侵入してくることを恐れているようですね」と解釈すると，沈黙の後，小学校低学年の頃に，ふすまの向こうから両親の原光景の声や物音が聴こえてきたことについて躊躇しながら語った。それはＡには母親が蹂躙されている光景として想像された。Ａは，父親から母親を護らねばならないとの思いを強くする体験だったと泣きながら述べた。「このことをもっと前に思い出して，本当はずっと先生に言いたかったんだけど，怖くて言えなかった。先生がどう思うか怖かった」と，私から受け入れられるかの不安を抱いていることを語った。そして「女性になることは，お母さんも喜ばないし，弱くて惨めな存在になることのように思っている」と続け，「時間を止めたかった」と拒食行為を意味づけした。

　Ａは通学途中に出くわすカラスに怯え，野良猫が怖くて遠回りをし，それらは不気味でＡを攻撃してくるものとして恐怖を募らせた。面接室のカーテンの柄やかけてある絵を不気味がりもした。私はそうした不気味さや攻撃性はＡ自身のなかのものであろうとの解釈をしていった。Ａはみずからの身体

の違和感につなげて理解し，「食べ物が外から入ってくる感覚は許されない感じ。私の気持ちが，大人になっていく身体についていけない」と語った。性的なものへの不気味さとして私が介入すると「私は純白の世界にいたい」と応えた。しかし，面接室が『純粋で汚れのない空間』だけでなく不気味なものも含んだ空間であるように，また安心できる治療者が不純であるとの思いのように「どっちかだけではないかも」とも付け加えた。

　その後Aは「お母さんは弱くて，横暴なお父さんの言うなり。身なりにかまわず肥っている姿はみっともない」と語り，一方，父親がアダルトサイトにパソコンを接続していたことを見つけ，父親への嫌悪感を募らせた。両親を批判するセッションが長く続き，両親の結びつきについても許せないとの思いがあると語った。

　「どうしてあの二人が結婚したんだろう。仲が悪いなら別れたらいいのに」と言いつつも，「お父さんとお母さんが喧嘩をしている。離婚になったらどうしよう」と自分の願望が現実化するのではないかとの不安を抱いた。また，かつて母親の後ろをついて回っていた時の意味合いを，「お母さんに甘えたかったんだけど，もうひとつ，そばにいたらお父さんからお母さんを護れるんじゃないかと思っていた」と述べた。そしてセッションの休みに関連して，私をいついなくなるかわからない存在として非難し，休みのセッション数だけみずからも休んだ。この行動を，依存対象としての私をみずから支配することで，依存を否認するあり方としてとらえ「私に頼っていたいのに，その私が休んでしまうことにがっかりもしているし，怒ってもいるのでしょう。あなたが私の休みの数だけ休んだのは，そうした私に頼っているあなたがいることを『なし』にして，自分は大丈夫なんだってことにするやり方でもあるのでしょうね」と介入すると，Aは休み中の私の個人的なつきあいを追及するのだった。私が，私が結びついている関係を持っているところに参加できない腹立ちがあることを解釈すると，Aは否定したが，友人とその彼氏と共に三人で遊びに出かけたときの疎外感を連想として語った。

　そして，同胞が生まれるときに，「いい子にしていてね」と言われて一人祖

母の家に取り残された体験が語られた。「このままお父さんもお母さんも戻ってこないのではないかと怯えた」と流涙し，「戻ってきた時には同胞がいて，お母さんの膝の上は同胞のものになった」と述べた。「いい子でないあなたであるために，置いていかれてしまったと感じていたんですね」との解釈に，自分がいい子でいないと見捨てられるとの恐怖があったとAは応えた。次第に，モノトーンの世界は荒涼として，虚しいとも感じられ始めたが，「色のついた世界は怖い」とモノトーンの世界に留まっていたいようでもあった。

　Aは，以前から「男の子のように強くなりたい」との思いがあったのだが，「女の子でも強くなってもいいかも」と言って父親の反対を押し切って武道を始めた。その稽古において，力を入れることだけが強さではないと体験していき，「実はお母さんがお父さんを包み込んでいるのかもしれない」と述べるようになった。

　この頃Aは，以前より繰り返し見る夢を語った。それは，薄暗く生暖かい空間にいて，無数の赤褐色の小円盤が押し寄せてきては息ができないくらい身体を圧迫しては去っていき，少しずつ自分が押し流されていく感じがする，というものであった。その夢から覚めると，いつも不安で落ち着かなくなると語り，Aを気にかけていてくれた女性教師との別れを連想した。そして，私ともいつか別れがくる不安を語った。「私といつまでも一体でいたいけど，もう私との一体の世界から出て行かねばならないとの思いもあるようですね」と介入すると，やや緊迫した表情で「ここに来ない日が来るとは想像できない」と述べた。沈黙が続くうち，緊迫した空気は次第に物憂いものへと変化し，私は小さくなって丸まっているAがひとり怯えながらしがみつくものもなく圧倒されたまま押し流されていく場面を連想していた。それは私には子宮の中でのAのように感じられた。そこで私が「夢は誕生の時のあなたを表してもいるようです」としんみりとした口調で解釈すると，しばらくして，誕生のとき前置胎盤で死にそうなほど難産だったと母親から聞かされたことを語り，「お母さんも不安だったし大変だったんだろうね。私もお母さんのお腹から出たくなかったのかも。今と同じ」と述べた。そして「お母さんを護

ろうとしてきたけど，お父さんがいるからそれでいいね」と言い，「二人はあれで案外うまくいっているのかな」と，結びついている両親を認めることができるようになった。しかし，一方では「私は死ぬところだったのかな。お母さんのお腹のなかでも死の恐怖を感じていたんだね」と述べ，その表情は悲しげであった。私は「それこそがあなたが避け続けてきた怖さかもしれない」と静かにゆっくりと伝えた。Aはそれを噛みしめるように肯定し，二人の間にしんみりとした静寂の時間が流れた。

　その後Aは「ものに色がついて見えるようになった」と語った。それはこれまで離人感の中で世界がモノトーンにしか見えていなかったが，生き生きしたものとして体験できるようになったことを示唆する発言であり，そのままの自分の存在を肯定し始めたことを意味しているものだった。しかし同時にそれは「とても眩しく，目がくらむ体験」となり，短い期間ではあったが再び家にひきこもることとなった。その恐れを解釈していくと，Aは「空には，星も月もあることに今気づいた感じ」，「先生も同じ月を見ていると思うとほっとする」とにこやかに言って，女性の象徴としての『月』の美しさを語り，道場で知り合った異性との交際を始めた。

　Aは「面接もいつか終わるんだね」と語るようになり，数カ月の間その思いを話し合ううちに，意を決したように「終わらなければ」と半年後の終結をA自身が設定し，私はそれを受け入れたが，その途端に腹痛を訴えて救急病院へ担ぎ込まれるようになったり，手に湿疹ができたりと一時的に不安を身体化するようになった。そうした身体症状の意味をAは「色がつく世界が怖かった」と言い，「そこにひとりで入っていくのはとても勇気が要ること」と語った。そして「セックスも大人も汚いと思った。でもお父さんとお母さんが何をしているのか知りたかった。そうした自分が汚いと思った」，「お父さんとお母さんだけが向こう側にいて，ひとり取り残されるのが怖かった」と語り，私との別れについて「先生から見放される」と被害的になっては泣きじゃくった。私はそうしたAの孤独感を解釈し，Aも孤独や絶望感に圧倒される自分を理解していった。そして「何でもできる自分でありたかったし，

そうじゃないと許されないんじゃないかと思ってきたけど，自分が自分を許してなかった。何でもできる人なんていない。私は私でしかないんだよね」と自分を肯定するようになった。

「生きている限り悩みは毎日起こるけど，そばにいなくてもこころの中に先生が残っているから大丈夫」と穏やかに語り，理想化されすぎていないよい対象としての私を内在化していることを示唆して，6年間の面接は終結した。

II　考　察

1.　治療経過

拒食は，依存の極端な否認という膠着状況（Williams, G., 1997）としてとらえることができよう。Aとの初期の精神力動的な理解の下になされた治療のもくろみは，Aの拒食という行為で表されていた情緒を明らかにし，拒食行為を放棄させることであった。

この過程において，まず，私は身体に向かって話しかけ，身体とこころがスプリットしていることを明らかにするとともに，身体診察によってA自身がやせている事実を客観的に知り，感じることを意図した。そして，A自身の治療同意を得るよう，治療を求めてもいる部分に働きかけるようにした。また，Aの行動でしか表せない情緒を扱うにあたって，両親が持ちこたえ，Aを抱える枠組みを提供できるように，治療協力者として両親に対しても働きかけた。Aを誰より心配しているのは両親であろうし，Aが求めているのも両親からの愛情であろうと考えたからである。そのために，Aの個人面接と母親（残念なことに両親との面接は成功しなかったが）との同席面接をセッティングし，母親の不安をコンテインすると同時に，教育的にこの病気を理解してもらうようにした。こうしたなかで，Aの実際の状態とこころとが乖離していることをA自身と母親との間でも明確にしつつ，Aの不安や恐怖に焦点を合わせて介入するようにした。そしてこのAの抱える不安や恐怖につ

いての理解を母親とも共有するようにした。

　Ａはなかなか感情を表そうとはしなかったが，私との間に少しずつ安心を得て，心的な困難について語り出した。しかし，ごまかしやうそで私との関係を一見良好なものに保っておこうともしていた。そうしたなかで，明らかに身体的な危機が生じたことによって，治療枠をより強固なものにしなければならないと私は感じ，母親と共同でその枠を守ることを試みた。このときのＡの心的状況は妄想－分裂ポジションにあり，迫害的なそれであった。それに対し，私は断固譲らぬ態度でＡの治療に立ち向かっていることをＡに伝えた。妄想－分裂ポジションにあっても健康な部分の彼女のこころに働きかけたのである。私の介入は，Ａに真剣に向き合っていることを具体的に伝えることとなり，Ａは私への信頼を厚くし，食事を取るようになったものと思われる。

　しかし肥ることへの恐れによって，再びＡは具体的にやせるあり方を続ける方法として，下剤の使用を選んだ。そうしたＡの行動と抑うつ感への恐れを私は繰り返し解釈した。Ａはおっぱいを求めて柔らかいパンを好み，母親への依存を具体的に行動した。面接では，こうした行動の意味を共に理解していき，私への依存感情を明らかにすることによって，Ａは次第に抑うつ的になったものと思われる。だが，この感情をＡは抱えきれず，早期の防衛システムを使用し，強迫行為でその不安を解消する手段をとった。もはや，拒食行為は消えてはいたが，Ａはみずからのこころにある暗闇の世界に気づき，私との治療目標を，単に症状の改善だけでなく，内的真実の理解に置くようになった。それはＡが抑うつポジションに向き合っていこうとしていることを意味していると思われた。

　ここで二者関係の枠組みでのセッティングに変更したことは，Ａの内的理解を深めるために必要なことであったと考える。すなわち，母親同席では扱えない無意識的空想を転移の中で理解していくことによって，Ａに内的両親とＡの間で形作られるこころの三角空間を開いていく可能性が提供されるからである。それは，Ａに他者と交流している自分自身を見，自分の見解を保

ちながら異なった見解を楽しむ能力をもたらす空間である。この空間をこころに持てるようになって初めて，抱えている不安に耐えられることが可能となる。

　実際，Aは私との精神分析的面接の初回から，私との関係性について触れ，母親転移を展開していった。それは転移において，結びついている両親への羨望へと発展し，原光景に出会った体験をAに想起させたと考えられる。そこで感じた不気味さや攻撃性は，カラスや野良猫に投影されたし，面接空間のなかにも投影された。この投影を，恐れを抱いていることへの理解とともに解釈することにより，Aはみずからの不気味さと攻撃性に気づいていくことになった。しかし，抑うつに至ることはできず，原光景における母親のパートナーである父親に矛先を向け，嫌悪感を募らせたものと思われる。Aの自己愛的世界においては，父親を排除し母親を護ることで，みずからの依存感情を満たしていた。こうしたなかでの私の不在はAにとって耐え難く，Aが私を支配するあり方を通して否認された。しかし，私の解釈をAは受け入れることができ，次第に抑うつ的になっていったのである。

　その抑うつは，かつて受け取ってもらえなかった依存感情と，必死で一体化を形成してきた母親からの分離の痛み，結びついている両親への羨望に基づくものであったと考えられた。同胞の誕生に際して，両親が彼女を置いていったのは，Aには価値がないせいであり，「いい子」にしていなければ見捨てられるとの深い思いがここで意識化された。このAの抑うつのワークスルー，発達的な動きは一直線ではなく抑うつに直面しようとすると後退して妄想－分裂ポジションへと動き，再び抑うつポジションへと動き出すといった波状の様相を転移状況のなかで見せた。それでも徐々にAが抑うつポジションへと動いているなかでAが語った夢は，出生する直前の子宮内での体験であったと考える。私の直観的解釈はAに受け入れられ，蒼古的な恐怖，すなわちビオン（Bion, W.）が言う胎児が体験している視床恐怖，子宮から生まれ出るときという中間休止の体験として理解された。その理解を分かち合った後，Aは離人感から解放され，次第次第に内的対象関係を修正することが

できるようになった。その結果，女性としての自分を受け入れられるようにもなった。

私との別れを意識することよって，Aは再び不安に陥り，身体化でその不安を表出するあり方を再燃させたが，その身体化はこれまでの拒食での身体化とは異なる象徴性を含むものであり，ゆえにその不安を言語化できるようにもなっており，Aは発達ライン上の抑うつポジションに留まり，理想的万能的自己を放棄して終結に至った。

2. 拒食の病理における層構造

拒食という行為においては，万能感と優越感がその行為者のこころを占め，自己愛世界が築かれる。そこでは対象は道具と化し，その道具への思い遣りや哀悼はなく，むしろ侮蔑や無慈悲さが向けられる。この状態は，妄想－分裂ポジションに相当する精神病部分が作動したものだが，こうした自己愛世界に留まるこころの根底に，虚無感や自己の無価値感，孤独感が存在している。どんなに拒食行為に翻弄されていても，また自己の病的状態を否認していても，この感覚を一部分では感じてもいると私は考えている。治療の初期からこの根底にある情緒を扱うことは，患者の非精神病部分に働きかけることになり，否認している病的状態への治療者の理解を示し，コンテインしていくことになる。

自己愛的な状態像の背景には，これまで得られなかった愛情希求があり，それを満たしてはもらえなかったという怒りや絶望がある。丹念にこの情緒への理解を伝えていくことが，安心した関係性を築いていくことにつながり，症状を放棄する結果を生む。

しかしながら，根底にある抑うつ感を理解するにはこうしたアプローチだけでは十分ではなかった。Aが語っているように，気づいた「真っ暗な穴の中」を知るには，いまここでの転移関係における情緒を扱うことで，転移上の依存，そして分離が達成されることが必要であった。そこでAが見出したのは，学童期に体験した原光景における疎外感である。それはエディパルな

86 第2部 摂食障害を生じるこころ・パーソナリティ障害に見るこころ

様相を呈してはいたが，母親との間で安心した関係が結べなかったというより早期からの不安が根底に置かれているものであったことが，乳幼児期の母親との分離体験を連想したことから判明した。さらに，その不安は生命を賭けた出生時の恐怖，視床恐怖が関与していることが夢によって明らかになった。

すなわち，実存の不安を思春期に再び蘇らせ，生命をかけて確認しようとするあり方が拒食症の本質であろう。

3. 進展の様相

症状に翻弄されている状態においては，妄想－分裂ポジションにある精神病部分の作動がある。しかし，同時に抑うつポジションを含みこむ非精神病部分も存在していると私は考える。その非精神病部分との関係を築くことで治療が可能となると私は考えているが，この非精神病部分は圧倒されていて，容易に精神病部分に覆い隠される。どの部分が大きく作動しているかによって，表層的状態像は変わってくる。

Ａが精神分析的精神療法を求めたとき，そのこころに「真っ暗な穴」があると語ったように，Ａは抑うつ状態にあった。抑うつポジションにさしかかったＡの非精神病部分が存在していたゆえにより深く自分を見つめようとの決断がなされたと考えられる。しかしそれはすぐに精神病部分に凌駕され抑うつポジションモードの病理構造体に変化した。治療経過に見るように，妄想－分裂ポジションを放棄しようとすると自己愛的喪失，抑うつ不安と出会わなければならず，そのために再び妄想－分裂ポジションへと退行し，強迫症状や投影による恐怖を募らせる結果となる。しかしこの状態は以前の妄想－分裂ポジションとは異なる位置にあり，そこに留まって組織化するのではなく再び抑うつポジションへ進みうる流動性のあるものである。こうした進展と退行を繰り返しつつ，波状に動いていく。

こうして心的ポジションは常に移動し，このサイクルを通して心的成長が促される。Ａの治療はまさにこうしたポジションの波状の移動が繰り返されていったものと考える。しかしＡが語るように，これからもこの内的なポジ

ション移動は繰り返され続けるであろう。Ａが治療者である私を理想化され
すぎぬよい対象として内在化できたことで，この動きは発達ラインにおける
抑うつポジション上での動きとなり，退行ではなく移行として微細に揺れな
がら進展を続けていくと考えられる。

ま　と　め

　この小論の中で私は拒食症者が症状を放棄し，自己の抑うつ感情，さらに
はその源泉である出生時の恐怖と出会う過程を描き出すことを試みた。治療
を通して，拒食症の症状形成におけるこころの状態が，一面的ではなく層構
造をなし，表層には自己愛的な万能感があり，その下には満たされない怒り
や絶望感，さらには抑うつ感情があり，その抑うつ感情が，出生時の恐怖に
根ざしたものであることが示唆された。この治療経過は，波状のポジション
移行によって進展したものであることも検討した。

摂食障害例における
母親のmourning workが果たした
治療的役割
母子同席面接を通して

はじめに

　摂食障害の治療には家族をも含めた接近が有効な手段であることが数多く
指摘されている。なかでも下坂（1988）は積極的な家族因説を唱えているし，
ジャメら（Jeammet, P. et al., 1973）は親を含めた治療的技法の必要性を，ハー
パー（Harper, G., 1983）は家族の再構成の必要を述べ，ヴァンダーエイケン
ら（Vandereycken, K. et al., 1989）は，家族療法を治療手段のひとつとし，
キャスパー（Casper, R. C., 1982）は家族療法は必須と強調している。それは，
家族とくに両親の養育態度が摂食障害の発症に強く影響されるとの見解から
である（石川ら，1960; Parazzoli, 1978; 下坂，1988; 下坂・東原，1991; 安
岡，1983）。

　摂食障害の家族には『密着し絡み合った母子と無関心の父』が多く，個人
精神療法だけでは終結困難な症例をしばしば経験する。とくに，思春期前半
に発症した『自立』をテーマとする症例において家族介入が必要となる。そ
こでは，母親の態度が治療上負的効果として作用するために，母親を含めた
接近を要する。

　そこで歪んだ母子関係の修復が摂食障害者の治療に繋がると考え，母子間
の感情交流に焦点を置いた治療的接近を試みた。抑うつを呈していた母親の

mourning work によって，感情が解放され，共感性が回復し，患者の症状の消失をみた症例を経験したので，摂食障害症例における母親のmourning workの治療的役割について検討する。

I　臨床素材

　女子高校生のAは，幼少期には，母親の手を取らない子どもであった。父親の帰宅は遅く，父親と遊ぶことはなかった。成績は優秀で友人も多く，快活であった。小学校では，毎学年学級委員に選出されており，教師の依頼で『出来の悪い女の子』に勉強を教えることがあったが，理解の悪さに語気を荒くしたところ，周囲から『いじめ』と指摘された。このことがショックで，友人に不信の思いを抱き，次第にひきこもるようになった。

　中学に入り，『大豚』とクラスの同性の友人にいわれたことを契機にやせるための本を買い集め，給食を残したり，夕食をおかずだけにし，摂取カロリーを計算するようになった。

　約1カ月後から徐々にやせだしたので，量的制限を強化し，油物は一切取らず，食事時刻も定刻にこだわった。その上，チョコレート，牛乳，コーラをおかずにまぜる奇妙な食べ方が激しくなり，それを指摘されると母親や同胞に大声で怒鳴り散らした。半年後にBMIは12に減少した。このころ，自分の嗜好を家族の食事にも押しつけ，同胞と食事をめぐる口論が絶えなくなった。「食べようと思っても身体が受けつけないのは，食べなくても生きていけるようになったから」と嬉しい気持ちだったという。

　養護教師から受診を勧められた総合病院小児科で即日入院となり，補液と食餌指導にて2カ月間でBMI 15に回復し，退院後ただちに復学した。家庭内での食事量は若干増加をしたものの，奇妙な食べ方と偏食には変化はなかった。

　その後，父親の転勤に伴い，一家は遠方の地域へと転居した。転校先で友人を得ようとして，給食時に進んで副菜を配るように努めたが，思うように

友人はできなかった。体重は再び減少し，母親の勧めで心療内科を受診した。投薬治療を半年間受けたが，受験と重なり通院を中断して，高校へは進学したものの，母親の作った弁当を繰り返し捨てていた。同級生とは挨拶程度の会話はできたが，親しい友人はできなかった。しかし，成績は良好で，体育系の部活動に精を出していた。単独で椅子の登り降りや頻回の拭き掃除といった過激な運動に励み，間もなく記憶力の低下を覚え，不眠，イライラ感が出現するようになったため，母親の強い勧めで私の勤める精神科を受診した。

BMI 12.7。小球性の貧血と徐脈が認められた。自己誘発性嘔吐，下剤乱用，過活動性があり，「肥りたい」と言いつつも「35キロまでならいい」と低い閾値を課していた。すでに月経は停止していた。

精神的には，不眠，軽度の抑うつ気分が認められ「薬を飲むのはいや，カウンセリングはいや」と，不機嫌な表情で言うものの，来院事由と経緯について淡々と陳述し，診察に対しての拒否はなかった。

入院を勧めると，彼女は号泣しつつ「お母さんの嘘つき！」「だましたな」「バカヤロー」と暴言を繰り返し始めた。母親はただおろおろとしていたが，暴言の激化を目の当たりにし入院に同意した。そして彼女もそれに従ったのだった。

Ａは会社員の父親と専業主婦の母親の第一子である。彼女からみると，両親の夫婦関係は親近感に欠けていた。父親はわがままで家の中では縦のものを横にもせず，母親に命令する。自分の目の前にあるものさえ，遠くにいる母親に取らせる。母親はその場では文句も言わず，しぶしぶとその命令に従うが，彼女に愚痴をこぼすことがしばしばであった。彼女は両親の不仲を感じ，間を取り持つために気を使い，両親が喜ぶことを率先して行っていたものの，この気づかいを理解してもらえず，母親が自分の気持ちを知ってくれている思いはなかった。

同胞は，陽気で些細なことは気にしないような楽天家であり，友人も多く，彼女にとっては羨ましい存在であった。その上父親に可愛がられていて，口

喧嘩をしても彼女ばかりが叱られるのであった。

閉鎖病棟に入院後，週2回，1回50分90度対面法の個人精神療法を行うと同時に，週1回母親との同席面接（50分）を行った。

第1期（治療導入期）

生活史と病歴の聴取を行う一方で，1600kcalの食事摂取と入院生活の行動制限とについて彼女とともに決定した。しかし，「約束を守るから退院させて」と繰り返し，食事は取らず，速歩での廊下徘徊，自室でエアロビクスを行い，注意をすると被害的となった。心電図上にも徐脈（40／min）と不整脈が認められるようになり尿素窒素が上昇。身体的に危険な状況であることを伝えるも，過度の運動を止めようとはせず，隠れてしばしば嘔吐していた。私は約束が守れない現実を繰り返し伝えた。

しかし，面接場面では食べることに関するやりとりばかりで話題の広がりはなかった。母親はたくさんのお菓子を持参してこっそり渡す一方で，面接では「拒食はどうにもならないのでしょうか」と涕泣^{てきゅう}しつつ訴えた。私は母親の困惑を聞き入れながら，拒食は寂しさや感情のコントロールができないことの裏返しであることを伝えていった。

父親が家長として機能することを目的に父親の来院を促したが，「入院には反対」との理由でこの時点では訪れなかった。彼女が入院生活における不自由と不満とを母親に洩らすと，母親は「退院させてあげたほうがいいのでしょうか」，「泣いて訴えるのですが何と言ったらいいのでしょうか」等，どうしたらよいのかと，私に逐一尋ねなければ行動決定できなかった。私は母親の不安や戸惑いに共感しながらねぎらい，具体的な接し方について話し合った。この時期の母親との同席面接において，彼女が「私は青い鞄が欲しかったのに，お母さんが赤いのを買ってくれたことがある。青いのが欲しかったとは言えなかった」と述べると，母親は「言ってくれればいいのに。あなたはいつも喜んでいたじゃないの」となじり，彼女が欲するものと母親が与えるものが食い違っているという事実が明確になった。

「退院したい」と繰り返し泣きわめく彼女に，「退院できるのだろうか」と

直面させると，「無理なのはわかっている。寂しい気持ちをわかってほしい」
と述べた。私が言葉で共感を示すと，興奮して食物を投げ，看護師に暴言を
吐いたが，面接では孤独な気持ちを述べるようになった。

　繰り返す退院要求に母親が揺れ動いたことを契機に，「お父さんのご意見も
伺いましょう」と再び父親の来院を促した。すると父親がようやく面接に訪
れた。当初，父親は母親の判断のみで入院決定が行われたことと，入院治療
が必ずしも順調でないことに憤懣やるかたない様子であったが，客観的デー
タを示し，精神科的治療の必要性を告げると，しぶしぶと入院継続に同意し
た。私は，父親のこの決意を「不憫なお気持ちなのでしょうが，お父さんが
治療に参加して下さることこそが，回復に繋がると思います」と評価した。
すると，父親は「実は，娘のことはまったくどうしてよいのか困っていた。
父親として，精神科なんぞに娘を入院させることは辛くて許しがたいことだ
と思っていた。でも，娘のためになるなら，お願いします」と述べた。

第2期（母親の mourning work を行うまで）

　彼女は，行動制限等に対する要求が受け入れられないと，御飯をこっそり
捨てたり，自己誘発性の嘔吐をしたり，点滴を受けながらの腹筋運動や，仰
向けになっての自転車こぎといった過激な運動をベッド上で繰り返し，便秘
を理由として下剤や浣腸を激しく要求した。面接では，このような態度が一
時しのぎであることを繰り返し取り上げ，私はこの攻撃性に動じない対応を
行った。すると，父親と母親の不和，そのため，母親が自分を省みてくれな
かった寂しさ等を語るようになった。そして「私が泣いたり大声を出せば，
先生が来てくれると思った」と語った。

　同席面接10回目，彼女が母親と差し入れの食物をめぐり口論し，離席した
折りに，母親は自分の生い立ちについて語り始めた。「私は幼いころに実父の
姉宅に養女に出され，そのことを知らぬまま成人した。短大卒業後，勤めた
会社で知り合った男性と結婚の約束を交わしたが，養父母の反対にあい，そ
の折り，自分が養女であることを知らされた。それまでも実父母を親戚と信
じて往き来はあったが，実父母と知ってからはかえって他人行儀になった。

養父母の許では生活の不自由はなかったが，受験や就職のような重大な決定をする時に相談に乗ってもらえなかった思いが残っている。養父母への借り意識とともに，愛する男性と結婚できないことに絶望し，自殺を考えたが，実行には至らなかった。そのころに養母の勧めで現夫と見合い，一度会ったのみで，周囲が結婚の段取りを行い，半年後には結婚した。愛情はなかなか湧かないままである。しかも，結婚直後に夫が遠隔地へと転勤になり，見知らぬ土地での生活も重なって不安が強かった。その時期に妊娠。嬉しいという思いより，どうやって育てたらよいかという気持ちが先行していた。実家（養父母）で出産したが，泣く子をみて，養父母も私も誰一人として何をすべきかわからずただ呆然としていた。母乳も出なかった。哺乳や入浴といった子育ても夫の協力は得られず，夫とは話もしないし，喧嘩もしない状態のまま，現在に至っている。しかも，娘がやせ始めても，夫はまったく無関心だった。一人で不安を抱えきれず，毎晩日本酒を一升空け，死にたいと言っても，不眠が続いても，声をかけてもくれない夫に絶望し，精神科に抑うつ神経症の診断で1カ月程度通院した」と，泣きながら語った。母親は病気がちの養父の看病にと足繁く通い，何かと理由をつけては実家を訪れていたので，実家での生活と夫の許での生活とが半々であった。私は，この母親の話に共感しつつ傾聴し「お母さんの心配を娘さんが代弁しているようですね」と返したところ，「娘は私の愚痴の聞き役だった」と語った。

　その後，数回にわたり，母親単独の時に母親の生い立ちを話題に取り上げたが，その間に，一方では母親に対して娘の言葉を文字通りにしか受け取っていなかったことを解釈し，他方では彼女に対して母親の気持ちと自分の気持ちの区別ができずにいることを明確にしていった。すると，母親は彼女への対応に関して，私に尋ねることが少なくなった。母親は，彼女の言葉に左右されることなく，母親自身の判断で，彼女に接することができるようになった。この母親の変化について彼女は「お母さんが強くなった。私の言う通りにはならない」と述べ，この時の感情を「複雑な気持ち」と表現した。面接場面では彼女は，要求に動じない私への陰性感情を爆発させたり，涕泣し続

けたりと感情をあらわにした。しかし，病棟内では，他患の世話をしはじめ，このことで次第に自分の居場所を見つけていった。

　同時期，私の前で，父親が「母親がしっかりしないから娘が病気になった」と述べた時に母親がむきになる場面があった。私が母親の苦労を代弁すると，父親は沈黙。以降，父親は母親を伴い，日曜日ごとに病院を訪れるようにはなったが，会話はないままであったようだ。

第3期（家族構造の変化）

　彼女は私に「お母さんはいつも私を見てくれなかった。それでお母さんの気に入る子どもになろうとしていた」，「お母さんは，お父さんに叱られまいとしていて，時間をかけて食事をつくり，テーブルいっぱいに並べていた。なのに，お父さんは新聞を読みながら，なにも言わずにボソボソと食べていた。ある時お母さんが，お父さんに『新聞読まないで』と言ったところ，お父さんはテーブルを引っ繰り返して，『気に入らんなら出ていけ』と言った。私はお母さんの味方をしてあげられなかった」，「食事の時間が苦痛でならなかった」と，幼いころの『ひとりぽっち』でいたたまれなかった体験を感情を込めて語り出した。そして「お母さんから，お母さんの小さいころの話を聞いた。お母さんも大変だったんですね」と述べた。次第に食事の選り好みが減少し，摂取量も増加した。

　入院継続をすれば留年になるという現実的問題が持ち上がったため，父親の意見を尊重する面接場面を設定した。父親は「娘の身体を第一に考えながら生活させようと思うが，高校卒業の可能性を残してやりたい」と述べ，入院3カ月で退院となった。

　退院後，週1回50分90度対面法の精神療法に変更した。母親とは月に1回の同席面接を行った。

第4期（自分の世界をもつ）

　両親が対等に口喧嘩をするようになったことを，嬉しそうに報告した。「あなたもお母さんもお父さんに遠慮していたのね」との介入に応えて，Aは徐々に父親と話ができるようになった。「今までお父さんのことを何も知らなかっ

た。お父さんも私のことを心配していたことに初めて気づいた」。父親と初め
てドライブをし，この時「恥ずかしい気持ちだった」と語った。大学受験の
志望校選択にも，躊躇しながらであったが，自分の意志を通す決心をした。
この選択には，父親が「お前の思うように頑張ってみろ」と支持してくれた
ことが支えになった。話題も，食事や両親のことだけでなく，同胞や友人，
将来のこと，と広がりをみせ始めた。「生きていてよかった。誕生日がこんな
に嬉しいのは初めて。生理が始まるといいな」と述べた。私はこの変化を「自
分を自由に表現できたのね」と受け入れた。

　Aは，「助けてもらったから，私も人の役に立ちたい」と述べ進路を決め
た。その後，アルバイトをみずから探し，開始した。母親は彼女の行動に戸
惑いながらも「大人として認めてあげることも必要ですね」と語っている。

　しかし，友人との間で自由に振る舞うことができないことが話題となった。
「私との間でも遠慮しますか」との介入に，ひととの関係の取り方がわからな
いことを述べ，「幼いころより自由に振る舞うことがなかった」ことを想起
した。

　大学進学をひかえ，面接は間隔が延びるようになってきた。第43回，ショッ
ピングを楽しめるようになり，初めて一人で自分の洋服を購入し，「似合いま
すか？　大学に行っても着れるように考えて買ったんです」と私に見せ，私
も支持的に取り扱った。第45回，友人6人での旅行を楽しんだことを語り，
家族の中で自由に振る舞えるようになり，同胞との口喧嘩も，以前のように
ふてくされて自室にこもるのではなく，言いたいことを伝えることができた。
その後，彼女を批判せず，良い評価を与えつつ，現実に直面させることを心
がけていくと，「単身アパート生活も順調で，サークル活動を通してボーイフ
レンドもでき，生理も戻ってきた」と報告を受けた。

　治療開始1年3カ月後，第47回で治療終結となった。

Ⅱ　考　察

1.　母子同席面接導入について

　積極的な診察拒否はないものの，Ａは「薬もカウンセリングもいや」であ
ると外部からの接近を忌避していた。私はＡの治療忌避を傾聴した上で，きっ
ぱりした態度で治療の必要性を述べるとともに，「この身体，かわいそうね」
と呟くように身体接触を行った。身体を媒介にして患者の精神内界に接近す
る対応は，母親を入院にふみきらせ，患者も暴言を吐きつつ入院に同意した。
下坂（1988）は「患者がやせおとろえていることを実感するのは触れられる
ことによってである」と述べているが，身体接触は，患者のみでなく母親に
とっても，疾病を容認し，受療を決断させるには有効な方法であった。

　しかし，閉鎖病棟への入院という行動制限と治療者の確固たる対応は今ま
で排除してきた自分の感情と直面し，攻撃性を発散することとなった。それ
は，看護者に対しては拒食，暴言，罵言を吐き，私の前では号泣し机を叩く
というものであった。治療構造自体が受け皿として機能し，安心して攻撃的
態度をとることが可能となったのであろう。また私は母子にとり父親的役割
を担ったことになろう（松木，1985）。

　一方，母子同席面接の中で，母親の与えるものと患者の求めるものが異なっ
ていたことが明らかとなった。Ａは母親に自分の真なる気持ちを汲んでもら
えることを期待していたが，母親はＡの言葉を文字通り（Feldman, B. et al.,
1984）にしか理解しようとしていなかったのである。すなわち，同席面接は
母子がそれぞれ別々の期待感をもって行動し，母子相互間で齟齬を来してき
たことを露呈させた。同一治療者が個人と家族の両方の治療を担当すること
には，個人の秘密が守れないというデメリットもあるが，家族との明らかに
された齟齬を個人治療の中で再度操作することができ，患者の対象関係のあ
り方の修復が容易になるというメリットもある。

　Ａと母親や私との関係が『支配する，される』関係であり，そのために齟

齟齬を呈することを患者に明確にしつつ，一方で，父権の機能を発揮させるために，この時期に父親の来院を促した。しかし，母親が治療を十分信頼していない治療初期の父親の来院は実現しなかった。ここに技法上の問題点があったことは否めない。

しかし，母親が患者の言動に動揺し始めると父親の来院が可能となった。父親の登場によって，母－子という二者関係から父・母－子という三者関係へ発展する基盤が自然な形で形成された。

2. 母子同席面接における展開

この症例で特徴的であったのは，母子同席面接10回目に母親が自己の生い立ちを回想し，その直後にＡの状態が急転回した事実である。

病初期の家族は，患者の対応に疲れ，抑うつを呈することが多いという（下坂・東原，1991）。Ａの場合，Ａの病理による母親の抑うつというよりは，潜伏していた母親の葛藤が顕在化したものと思われる。母親は気の進まぬ結婚により，夫の生活様式や考え方といったいわば夫側の『異文化』を取り入れることを拒み，養父母からの慣習・様式に愛着をもち，その奥におそらく生みの父母の『幻の文化』を求めていたものと考えられる。そこには三世代間の混乱，世代間境界が消失した家族病理があるといえる。

ボウエン（Bowen, M., 1960）の言う『相互依存的三つ組家族』，ミニューチン（Minuchin, S., 1978）の『世代を越えた連合』，牛島（1988）の『かぐや姫コンプレックス』と同様の力動であろう。

母親の過去への回想は現実の家族力動へ，さらにＡの幼児期へと続いた。それは患者が退席した時のほうがより詳細に語られた。私は，当初同席にこだわり，母子間の齟齬を強化するものであると，母親の単独での面接を好ましくないと考えていた。しかし，母親の秘密を子に露呈することは，母－子の境界を崩すことにもなりかねない。意図したことではなかったが，母親単独の面接において，母親は以前は言えなかった両親のことを語り，母親自身の同一性，生い立ちに対する『mourning work』が確立され，母親としての

役割を担うことが可能となった。Aの両親は夫婦喧嘩こそしないが，常に緊張状態であった。母親は一見，家長に従い，家事に没頭しているかのようだが，内的にはその役割に満足していない。完璧な家事行為は妻（母親）の攻撃性であると同時に，夫婦間の攻撃性の潜在化を示唆する。Aが生まれると，母親は失った実父母への思いをAの養育の中で満たそうとしていた。母親はAと母子合体することで父親を排除した家族状況を作っていたと考えられる。父親は無力感を味わい無関心を装わざるをえなくなるのであった。Aは，自立と情緒発達の障害を代償にこの母親の好みに合った模範少女すなわち，ブルック（Bruch, H., 1973/1978）の言う『ロボットのような従順さ』となっていた。

　Aの障害が前景に出現し，顕著になるにつれて，母親は，明日にそなえて今日すべき子どもの心配をしない状態であり，子どもの何をどう心配したらよいのかすら，母親としての役割をとるには不安となっていた。

　母親が過去へのこだわりから自由になり，今までのAに従いへつらう対応とは異なり，Aを見守る態度ができ，Aの不安や悲しみを共に感じるゆとりをもつことができるようになると，Aも母親を現実対象として認識した上で，母親の弱さを再確認し，共感性の回復が促された。母子同席面接によって，母親の母親役割をとることへの不安が緩和し，現実的感覚を取り戻し，夫（父親）との本来の生活を見つめ直すことができるようになった。

　治療者が，排除された父親の価値を認めるべく治療を設定したことは，母親にとって新しい体験であり，夫（父親）への思いやりが生じてきた。この時点で父親に治療参加を促す介入によって，父親は治療を受け入れるようになり，父親が父親としての役割を担うことが容易となった。これは，今までの連帯を欠く夫婦関係から，次第に安定した感情交流のできる夫婦関係へと変化するきっかけとなった。

　西園（1988）は『母親は純粋に一人で独立して子どもに立ち向かっているのではなく，夫婦の代表として子どもにかかわっている。父親が排除されている時母子関係は不安定となる』と述べている。父親の参加によって過去と

異なって両親の役割が回復し，子の成長する力を受容することができるようになったと考えられるだろう。

同席面接13回目ころから，Aは家庭とくに母親の言動が変わったことに気づき始めている。母親への無理難題は影をひそめたものの，他方，私に叩きかからんばかりの暴言をし，号泣し，小物を投げ，机や椅子を蹴ったりした。その後次第に言語として表出できるようになっていったのである。Aの攻撃的言動や泣きわめきは，これまで抑えられていた感情の解放であると同時に，母子分離を促進するものであった。母親の気持ちを窺わずとも独りで自分の判断を示すようになった。

3. 母子同席面接の意義

摂食障害症例の治療には両親の役割相補性の回復，家族内の情緒的システム，コミュニケーションの回復が重要であることを，西園（1988）も安岡（1983）も指摘している。下坂（1988）も個人治療と家族面接の併用が有効であることを述べている。ミラー（Miller, S., 1984）は，個人療法の過程に重要な人物を一人参加させ，その面接で歪んだ家族構造を取り上げれば，治療の有効性が増すと述べている。

本例でも歪んだ家族構造が症状の背景にみられていた。母親は自分の世界にひきこもっていたし，Aは母親へ不満をぶつけることができず，両親の間をとりもつ形で家族の中に存在していた。母親は，疾病に対するその場その場の一時的対処方法に追われていたが，入院によって，娘の攻撃性が目前から消失し，心的余裕が生まれた。また，治療者である私からの共感によって，母親としての機能を取り戻すに至った。

この経緯から，私の母親への介入が，無力であった父親の家庭内参加を促し，ひいてはAを自立させえた動機であると推察される。ある意味では，母親の病理性ゆえにAは摂食障害を呈し，父親は無関心となっていたともいえよう。コンパーノル（Compernoll, T., 1982）は，適切に連帯した両親の権威が子どもの主要な情緒的および行動的な問題の解決に必要であることを強調

している。ジャメ（Jeammet, P., 1980）は，摂食障害者の家族には，世代間の境界がなく，役割が混同され，『娘（患者）は母であり父でもあり，同一性が確立されていない』と述べている。Aにおいても，家族員が皆同一性に欠け，確固とした方針が保てず，母親は右往左往していた。この家庭が私の支持のもとで，安心して感情を語れる場へと変化し，父親が父親として機能し，Aが母親を支えずともよくなったことが，障害の治癒に影響したものと思われる。

　しかし，家族が産んだ病理としての子と，その子によって病理をさらに深め，がんじがらめになっている家族といった機構が存在するからといって，すべての責任を家族にのみ帰し，家族全員を治療対象とすることには問題が多い。少なくとも外見上一般社会生活を支障なく過ごす者に対して，治療的接近のために定期的面接を試みることは動機づけに乏しいし，また逆に，退行を促して子どもの治癒を望まなくなるといった抵抗が生じる（馬場，1991）ということも考慮すべきである。同様の危険性についてコルブ（Kolb, J. and Shapiro, E., 1982），ヴァンダーエイケンら（Vandereycken, W. et al., 1984）も記述している。家族——とくに直接に被害を被りやすい母親——に子どもの病気を治すための協力をしてもらう形をとりつつ，家族病理の修復を図ることが試みられるのが妥当であろう。

　家族は家族の病理を潜在的には感じているので，潜在的苦悩を支持した上での内的葛藤と家族力動とに直面するのが有効であろう。馬場（1991）は，家族と治療的かかわりをもつことの意義をいくつか列挙しているが，そのなかで，家族力動と内的葛藤の理解，家族力動の再編成と患者の変化の受容を述べている。しかし，母子同席面接を行うことには，課題の取り上げ方によっては負的側面も存在することも忘れてはならない。それは個人の内的対象関係や葛藤の取扱いがともすればおろそかになる危険性をも孕んでいることである。

　Aの場合，発症のきっかけである自己愛の傷つきによって孤立化したことへの徹底操作をするには，母子同席面接だけでは不十分であり，外来治療時

に個人精神療法を重視した構造をとって初めて可能となったと考えられる。この点を考慮すれば，母親との同席面接は試行すべき有効な接近であると考える。

おわりに

　摂食障害には，神経症性水準，境界構造水準，精神病水準などのいくつかのレベルの症例が含まれている。病態水準によって治療的接近法も異なることは，当然のことながら，どの水準の摂食障害でも，身体的危機状況や激しい治療抵抗といった病像に振り回され，治療に一貫性を欠くことがしばしばとなる。そこで，病態水準の把握を正確に行い，『自立』をテーマとする思春期前半の課題を抱えた症例には，個人療法でその内的葛藤の処理を行うことだけに終始するよりは，歪んだ家族の病理として理解し，その損傷した家族機能の回復に主眼をおいた治療が有効となりうる。

　思春期摂食障害の治療に，母子の感情交流に焦点をおいた治療的接近を試み，その治療経過を検討し，ミニューチンら（1978）が『世代を越えた連合』と呼んだ状況と同様の対象関係を認め，母親の同一性の問題が隠れていることを理解した。母子同席面接は患者とその母親とに受け皿としての治療構造を提供し，感情を自由に語ることを体験させえた。ここでの治療者の役割は母子が安心して感情を吐露することを保証したことである。このことは，母親の潜在的葛藤を解放し，歪んだ未分離の母子関係を修正し，父親の登場を促した。治療者が関与して初めて二者関係から三者関係へと変化し，無力な父親に父権をもたらした。両親の役割の賦活をもって，初めてＡはみずからの力で成長していくことが可能となった。

　以上，『自立』をテーマとした摂食障害例には，母子関係に力点をおいた接近が有効であることを症例を通して述べ，母親の mourning work が果たした役割について考察した。

摂食障害の彼女が
嫌悪しているもの

I　摂食障害って？

　摂食障害は，肥ることへの恐怖から，拒食や過食を来す症候群である。この診断の中にはさまざまな病理が含みこまれている。ここでは，中核的な摂食障害について話を進めてみたい。

　中核的なそれは，思春期の女子に発症することが多く，彼女たちのほとんどはダイエットを失敗したせいだと言う。だが，大勢の女子がダイエットに挑戦している昨今，皆が摂食障害となるわけではない。摂食障害になる彼女たちには，もともと摂食障害のこころの状態が準備されていると思われる。ダイエットに失敗したから摂食障害になったのではなく，摂食障害のこころを持っていたからダイエットに失敗し，摂食障害になるのである。そのこころの在り方のひとつに嫌悪の感情があるだろう。

　彼女たちは，やせることにまい進し，日に何度も体重計に乗り，45キロまでやせようとして，45キロになれば40キロを目指し，40キロになれば38キロになり，それは28キロになっても，25キロになっても，ほんの数グラム増えることを恐れて際限なくやせ続ける。「だって，今食べた米粒にスープの汁が飛んできて，そのせいで肥ったかもしれないでしょう！」と食物を口にすることを拒み，飢餓による生理的現象で多食（過食）に転じても，身体の中の異物である食物を徹底的に排除して，低体重を維持しようと努力するのである。身長154センチで22キロになった拒食の女の子は，歩くこともままな

らないむくんだ脚を「太くて醜い」と嫌悪し，こっそりと吐いてさらにやせることを試みていた。低アルブミンによる浮腫であり，栄養を身体に入れることが脚のむくみを減らすことだと説明しても，彼女には届かないのだった。

やせを理想化し，希求しつづける彼女たちは，極端なやせ（BMI9以下），拒食・偏食（油ものは一切受け付けない，動物性のものはダメ，甘いものはダメ），過活動（座らない，階段を使う，走り回る，長時間のダンス），やせの否認（骸骨のようになっても皮膚をつまんで肥っていると言う），睡眠の短縮，カロリーや食品へのこだわり（何カロリーと即座に計算），過度な排泄（直腸洗浄），自己誘発性の嘔吐（すべて吐けたことを確認するための食べる順番，チューブ使用），低カロリー希求（ノンカロリーの飴），利尿剤や下剤の使用（500錠もの下剤）などでやせた身体を作り上げ，それを維持するために死に物狂いの努力を強いられている。アンデルセン童話『赤い靴』のカーレンのごとく，やせという"赤い靴"を決して脱ぐことができなくなってしまう。

II　こころに生じているものは？

摂食障害になる子たちは，幼いころの母親役割を担ってくれる人との関係に主観的には安心を抱けていない。このために，手のかからない"よい子"になることで，母親や大人から受け入れてもらうべく成長してきている。思春期において，母親から離れてこころの自立が衝迫されるとき，この幼い頃の安心感のなさという問題が活性化するが，自己肯定感・根拠のない自信と呼ばれるものを彼女たちは持てておらず，"よい子""役に立つ子""手のかからない子"でいるから，母親や周囲の大人たちから見てもらえるとの思いの中に生きている。そのために，分離による抑うつ感に耐えられなくなってしまう。自信のなさやひとりぽっちの心細さ，寂しさ，虚しさ，悲しみ，自分が壊れてしまう不安，絶望感といった思いがこころを占めることになる。死

への憧れも厭世的な思いもこうしたこころの暗闇から生まれてくる。

　ある拒食症の少女は，高校受験を目前にして症状が出現したのだが，受験を失敗する恐怖や成績の良い友人への羨みを抱いていた。彼女は「スライムのように自分が崩れて流れ出ていってしまう」と語った。それは，こころの中にある邪悪な感情が雪崩のように露呈する恐怖であり，そのため彼女は，強迫的に拒食という厳格な禁欲の枠の中に自分をはめ込んでおかねばならないのだった。過食症の彼女は，夜の砂漠の中にひとりポツンと放り置かれる孤独，叫んでも誰にも声が届かない絶望を語っていた。両親の不仲に怯えていたのだが，孤独を感じない手段，こころの穴を埋める手段が彼女にとっては過食なのだった。だが，それは一時しのぎで，こころの穴はさらに深まること，食べ物では埋まらないことを彼女は知ってもいた。それでも，過食せずにはいられない孤独と悲しみがあるのだった。

　こころの痛みを自分だけでは抱えられず，周囲にも抱えてもらえず，もし表したとしても受け取ってもらえる自信がない。食べものや自分の身体を拠り所として，禁欲ややせという達成が成し遂げることで，どうにか生き延びようとする。友人とうまくいかなかったことや，成績が落ちたこと，そうした傷つきを，「やせていれば皆とうまくいくに違いない。それだけは誰よりも優れている。こんなに苦しい努力をしていることは認めてもらえるにちがいない」と，彼女たちは食べ物を嫌悪し，醜く肥っていると感じている自分の身体を嫌悪し，やせるための努力を重ねていく。しかし，それは本当の意味での安心にはならず，そのために，さらにやせを求める結果となる。一日中やせにまつわること，食べ物やカロリーのこと，食べるか食べないかという葛藤に頭はかかりきりになる。だが，一方でそれは，本来の不安や葛藤——自信のなさや寂しさ，孤独など——を感じないで済む在り方でもある。

　こうして見てみると，摂食障害は，不安やこころ細さの中で生きてきたのが行き詰まったサインとしての病気であり，彼女たちの初めての自己主張とも言えよう。

Ⅲ　なぜ思春期なのだろう？

　思春期になると自我の芽生えが生じて，それまで絶対的だった両親の考え
と自分の考えに違いが生じたり，一体感を持って過ごしていた家族や友人と
の間に変化が生じたりする。そうして自分と他者との区別がついて，隙間が
できる。そこへ，第二次性徴によって身体の変化がもたらされ，性衝動が高
まる。性衝動と自分は潔癖でありたい思いとのせめぎあいが生じ，こころの
中に，得体のしれない不安や心細さを味わう。それは誰しもが抱くであろう
移行期の不安定さで，自分の中に不協和音を感じ，自分の身体が異物として
感じられるようになって，一時的に幼児期の不安が賦活される。だが，この
不安に持ちこたえられないと，無垢な自分を失うことや変化を否認，拒否し
たくなり，幼児的な母親との依存関係に即座に戻ろうと動くことになる。そ
うして万能的に周囲を自分をもコントロールしようとの試みがなされ，摂食
障害へと向かうことになる。

　また，思春期はアイデンティティを模索し，確立していく時期でもある。
もともと自信がもてないままにどうにかこうにかやってきたことが自覚され
もする。安心感のなさゆえに，他者からの評価を絶対的指標として周囲に合
わせる生き方を選択してきていることは，誰よりも彼女たち自身が知ってい
る。母親の価値観を押し付けられ，追従するしか見捨てられずに生き延びる
方法がなかったとも感じている。しかも，表面的な人間関係しか持っていな
いゆえに，友人との間での親密な相談や真剣なぶつかり合いを経験できない
でいるので，同世代の価値観を取捨選択できずにいる。「カメレオンのよう
だ」「仮面を被っている」「嘘の自分を生きている」「人をだましている」と彼
女たちが話すのは，そのアイデンティティのなさを示しているだろう。ただ
でさえ，現代社会は，価値観が多様化しているために，自分なりの価値観を
持つことが困難となっている。こうした状態は，思春期危機とも言われるが，
「津波の前にひとり立たされている」ように，この危機に圧倒され乗り越えら

れないとき，摂食障害という症状にしがみついて，この危機状況を回避しようとする。

IV　何を嫌悪しているのだろう？

　食べ物——甘いお菓子，白米，炭水化物，肉類，たっぷりのバターソース？肥ること？　肥った身体？

　確かに彼女たちは，自分を肥らすものや醜いと感じる肥った身体になることを嫌悪し，忌避している。表面上嫌悪するこれらのものが象徴しているこころの中にあるものは何なのか，すなわち本質的心理的に嫌悪しているものは何なのだろうか。

　彼女たちに，そうした嫌悪するものから何を連想するのかを尋ねたとき，甘いお菓子からは，甘えること，弱い自分になることが浮かび上がってくる。白米からは，本来の主食，肥らすもの，母親。肉類からは，肉欲，脂ぎった汚さ，性交。バターソースからは，飽満，貪欲さ。肥ることからの連想は，ブヨブヨ，醜さ，だらしなさ，貪欲さである。こうした連想からうかがい知ることができるのは，自身の中にある本能欲求，欲望を制御できない弱い自分，依存する自分といったことだろうか。そうした自分はダメだという信念を植え付けた母親だろうか。

　彼女たちは欲のない真っ白で純真無垢な自分でありたいし，鋼のように強く孤高でいたいと願う。ところが，矛盾することに，みずからが弱くひどく依存的で甘えたい存在であることを知ってもいるし，性に興味を持ち，生理的に性欲を持っていることを感じてもいる。「歩いているカップルや妊娠している女性を見ると，セックスしているのを想像してしまう。自分は変態ではないか」「食べてお腹が膨らむことは妊娠していることのよう」と，そうした想像をする自分を嫌悪し，満腹は自分の貪欲さがばれてしまうことだと思い，満足という快感を持つ自分を嫌悪してもいる。

やせていくと，生理的に性衝動は低下し無垢な幼児に返るかのようになるし，筋肉活動の快感ももたらされる。それに加え，やせる，食べないことで母親の関心を呼び寄せ，再び正当に依存できるというメリットがあるだろう。ところが，ところが，である。幼い頃の自分は，母親の関心をひくために“お手伝いをするよい子”“弟妹の面倒をみるよい子”を演じてきたことを知ってもいる。実は純真無垢な子どもではなく，ずるがしこく狡猾な自分であったと感じている。ある少女は，歳の離れた弟がベランダから落ちてしまうのではないかと不安になって学校から走って帰ったことを想起した。それは，母親の関心を一手に引き受けている弟の死を無意識的に願っていることでもあったことが意識化された。自分がいかに羨望に満ちているか，世界の中心でいたいと欲しているか，誰よりも優れた自分でいたいと思っているか，そのような自分の欲求を持つ醜さを嫌悪していることに気づいたのだった。

　もともと，しっかり抱っこされていない，十分にはおっぱいをもらえなかったと感じていることや，母親からの束縛のなかに生きてきたとの思いがあって，母親への嫌悪感を訴えることも多い。『アナと雪の女王』」というディズニー映画があったが，そのクライマックスで雪の女王であるエルサが“ありのままで”と謡うシーンがある。ある過食の少女は「ありのままで受け入れてもらえるなんていうのは嘘！　そんなことはあり得ない」と，エルサの持つ魔力は母親からの呪縛でもあると語った。母親からどれだけ拘束されてきたか，自分は母親の奴隷だった，それでしか自分は見てはもらえなかったと言う。そうした母親について語るとき，文字通り「吐き気がする」のだった。自身の価値観や欲望を娘に押し付けて平然としている母親への嫌悪感が語られていった。

　その母親は，父親との性的関係性を持っている女性でもあり，その結びつきを彼女らは嫌悪し，母親の女性性とともにその生き方を嫌悪してもいる。それでも，その母親に内的には逆らえない，裏切れない自分自身，母親と同じ性をもつ自分の女性性，その身体を嫌悪してもいるようだ。嫌悪の情は，母親との関係性に，絡み合い編み込まれたものとなっている。

V　嫌悪と愛のアンビバレンス

　表面的に嫌悪している食物にしても，彼女たちはそれまでは大好きだったと語られる。「食べることが嫌いになって怖くなればなればいいな。そしたら食べたいと思わずに済む。ベルトコンベアーに乗ったようにダイエットをしていればいい」と語った拒食症の彼女は，元来食べることが大好きで，「本当は食べたい」のだった。甘いお菓子も，白いご飯も，パンも，ステーキも，甘酸っぱいラズベリージャム，たっぷりのバターソース，果物……，とりわけ彼女はカボチャのパイが好きだった。そのカボチャのパイは，昔お母さんがよく作ってくれたものでもあり，叱られた後抱きしめられたときにお母さんが着ていた服の色を連想させるものだった。

　嫌悪する自身についても，「誰よりも優れている」「自分だけに関心を向けてほしい」と語るように，自己愛的でもある。彼女たちの語る自信のなさは，完璧な自分ではないゆえのもので，その背景には本来なら完璧な自分なはずであるとの思いがあるだろう。禁欲的にコントロールするこころの中には，素晴らしい自分でいるとのある種の誇大感がある。しかも，自分の生理的欲求は本来あってしかるべきものとの当前の感覚も持っていて，それを我慢させられている愛おしい自分というマゾヒスティックな満足がある。

　自分に関心を向けてくれない母親，束縛してくる母親，女性である母親に嫌悪の感情を抱いていても，同時に，母親に愛されたい，抱きしめられたい，いつもいつも傍にいてほしいと願ってもいる。やせすぎのために高校を休学していた少女は，弱くて父親の言いなりになる母親への不満や，親戚にばかり気を遣って彼女のやせに気づかなかった母親への怒り，父親と性的関係を持っていることへの嫌悪感といった陰性の感情を長く語っていたが，次第に退行し，母親べったりとなって，トイレにまでついていくようになった。この行動は，「お母さんをお父さんから守りたかったし，お母さんを独り占めしたかった」と語られた。嫌悪する母親は，誰よりも愛する母親でもある。

VI 摂食障害の彼女が嫌悪しているものは？

　摂食障害では，嫌悪という感情は，自分が満たされなかったこと，欲してはいけないという思いへの防衛的な側面があるのかもしれない。ある対象に生理的な嫌悪感を抱くときにも，その対象の一部にみずからの蒼古的な憎しみと嫌悪の対象を見ている側面がある。だが，その感情はどうやら，満たしてもらえなかったという傷ついたこころから生じているように思える。それは，本来は満たしてもらいたい，愛してもらいたいという切なる思いに基づいていると私には思える。そして，愛してもらいたい対象に嫌悪する自身に，怒り，かつ罪悪感を抱き嫌悪するのである。

　彼女たちは，必死になって愛してくれる対象を求めている。それが拒絶されたと感じるとき，対象にも自分にも嫌悪という感情を向けることで，傷ついた痛みを感じないように麻痺させているかのようである。その苦痛に満足と快感を与えることで，摂食障害という病の檻の中に入っていくのだろう。

摂食障害の精神分析的理解

はじめに

　摂食障害は，拒食や過食・嘔吐といった食物を介した行動・行為によって，やせた身体を維持しようとする行動の病（松木, 2008）といえるが，そうした行動・行為でしかこころの平衡を保つことができないパーソナリティの病としてとらえることができる。彼／彼女のこころの平衡とは，理想化したやせた身体を維持することで万能的優越感を保つことである。そのために，こころに置いておけない苦痛な情緒を食行動によって排泄するのである。摂食障害を呈する患者の多くが，そのこころに触れられることを拒否し続けるのはこのためである。

　しかし，治療者が彼／彼女にとってこころに触れられることが恐怖と感じられているとのことを理解し，そのあり方を共に探索していくことによって，食に囚われるこころ，そのパーソナリティに変化をもたらすことができると私は考えている。精神分析的なアプローチは，摂食障害に囚われたこころからの解放をもくろむことのできる技法といえよう。

I 摂食障害のこころのあり方

　この病理を持つ彼／彼女は，乳幼児期からの体験の積み重ねによって，主観的には，両親との情緒的交流がなされず，自己を抱えて（Bion, W., 1962）もらえなかったと感じているために，自己を肯定的に捉えることができない。それは，対象からの愛情を完璧に理想的なものでなければまったく無いものとみる（白か黒かという二分法の考え方）ために，愛情を感じ取れないままにいるからである。こうして自分にはよいものは何もなく，空っぽで孤独であると感じるのである。

　摂食障害は思春期に発症することが多いが，この時期には，性衝動の高まりや母親との必然的な分離が始まり，情緒的な危機がもたらされ，乳幼児期に起源をもつ抑うつ不安（Klein, M.,1940）が賦活される。加えて，摂食障害を呈する子たちは，もともとの安心感のなさゆえに他者からの評価を絶対的指標として周囲に合わせる生き方を選択してきているため，アイデンティティを形成することが困難になる。そこで，幼児的な母親との依存関係に即座に戻ろうとの動きが生じるが，主観的には依存を体験できずに成長しているゆえに，"安心"には結びつかない。なんらかの不安状況がこのとき生じると，自分の身体を禁欲的にコントロールすることによって，卓越して優れた存在になるとの信念を作り上げ邁進することで，こころの安定を得ようとするのである。ところが，そうしたあり方は対象との心理的距離を生み，自信のなさゆえの周囲への羨望も加わって，孤立を深める結果となっていき，さらに身体をコントロールする行動に拍車がかかることになる。

　ある10代後半の少女は，拒食を選択した瞬間のことを語った。彼女は，ピアノのコンクールに優勝できず，高校でも思うような成績が取れず，友達ともなんとなくうまくいかない思いがしていた。中学のときには「なんでもできる優秀な生徒」であり，誰からも認めてもらえる存在だった。食べることが大好きだった彼女は，どうしたら周囲から認めてもらえるか，このままで

摂食障害の精神分析的理解　113

は誰からも見向きもされない，つまらない自分となってしまうことに絶望的
な思いとなった。その時，「自分が大好きな食べ物を我慢することができれ
ば，誰よりも優れた自分になる，これだけは誰にも負けることがない」とひ
らめいた。「こんなに苦しい思いをしていることは認めてもらえる」「こんな
にすばらしい方法はない！」。こうして彼女は拒食の罠にみずから入り込んで
いった。

　摂食障害になる子たちは，思春期の時期の葛藤に満ちた抑うつ感に耐えら
れない。それは，発達段階の初期においてコンテイナー（Bion, W., 1963）と
しての母親役割を担ってくれる人との関係に安心を抱けていないため，ここ
ろの自立を試みるとき，幼児期の安心感のなさという問題が再び活性化する
からである。自信のなさやひとりぽっちの心細さ，非常な悲しみ，喪失に耐
えられないとの思い，虚しさ，自分が壊れてしまう不安，絶望感といった思
いを素直に出すことができず，葛藤として悩むこともできずに，その拠り所
を食べ物や自身の身体に求めようとする。それは，即座に苦痛な情緒を排泄
する方法である。「この子だけは大丈夫，手のかからない子」と言われ育って
きているが，彼／彼女は，こころの中に生じている寂しさや自信のなさをう
まく表せず，もし表したとしても受け取ってもらえる自信がなく，見捨てら
れてしまう恐怖があるために，自分ひとりで頑張ってとりつくろっているだ
けなのである。摂食障害は，不安やこころ細さの中で生きてきたのが行き詰っ
たことを示すサインとしての病気であり，初めての自己主張ともいえる。

　三人同胞の真ん中の彼女は，高校生の時から拒食と過食嘔吐を繰り返して
いた。姉が情緒障害で妹が喘息持ちであった。彼女は，妹が喘息発作を起こ
し，夜中に大きな病院に母親に連れられていった子どものときを想起した。
母親と妹は診察室に入ってしまい，姉はバタバタと走り回っており，彼女は
薄暗い待合室で心細さを抱えながら一人ぽつんとしていた。「怖くて，怖くて
泣きたくてたまらなかった。でも，お母さんを困らせることはできない」と
硬く手を結んでじっと待っていたという。

　中学生のある少女は，いさかいの絶えない両親のもとに育った。小学校の

低学年の頃から，母親から「お父さんと別れようと思うんだけどどう思う？」
と何度となく相談されていた。彼女は両親がいつ離婚してしまうのだろうか
とびくびくし，自分がいい子でいれば離婚しないでいてくれるのではないか
と思っていたという。

II　なぜ食べ物なのか

　食べることの意味として四つのことが考えられる。
　ひとつは社会文化的基盤である。衣食住というように，それらがどんなに
満ち足りるかが文化水準を決める。ふたつ目は，食べることは性欲や睡眠欲
とともに本能満足としての意味がある。三番目として，食べることは，赤ん
坊と母親との間に始まるものであり，離乳期の前期（1歳くらい）でその人
のパーソナリティは出来上がる（松木ら，2014）と言われているように，こ
ころの形成に影響し，次いで食行為は皆と共有されるようになって，人間関
係の基礎を作るものになる。四番目には，食べる，飲むという行為を通して
ひととの関係は始まり，ひとつの連結を体験し，社会的なあり方につながっ
ていくことが考えられる。
　高校生の少女は拒食を呈する以前，朝食は摂らず，昼は学校の売店で菓子
パンを買って食べ，夜は，遅くに塾から帰ってコンビニ弁当を一人レンジで
温めて自室で食べる日々であった。誰かと一緒に食べるという体験が彼女に
は稀有のことだった。
　ある女性は，自分が食べていることをひとに見られることは大変恥ずかし
いことだと感じていた。それは，セックスをしているのを見られるごとくに
感じられていたのだった。自分の貪欲さや汚さが露呈すると言って日中には
食物を口にすることなく，夜中にひとり食べ続け，そして吐くのだった。
　大学生の彼女は，歩いているカップルや妊娠している女性を見るとセック
スをしているのを想像してしまい，自分が大変醜い変態のように感じていた。

そして，自分のお腹が食べて膨らむことは妊娠することのようで，食べることが困難となったのだった。また，食べて満足することは自分の貪欲さがばれてしまうことだとも彼女は思っていた。

　食べ物を病理として選択する背景には，内的にこうした食べ物に関する意味が関与している可能性がある。一日中やせにまつわること，食べ物やカロリーのこと，食べる・食べないということに頭がかかりっきりになるが，それは本来の不安・葛藤，自信のなさ，寂しさを感じなくて済むあり方であり，母親への愛情のアンビバレンスを示してもいる。また，性欲を感じることを拒否するあり方でもあろうし，より社会的な対人関係の不安を投影しているとも言えよう。

III　摂食障害病理の展開

　摂食障害の彼／彼女は，乳児期起源の抑うつ不安が活性化されることに耐えられず，孤立し，自分が優れた存在であろうとやせにしがみつき，「ひとにはできないやせることが自分にはできる」と自分の存在意義をそこに見出していく。しかも，やせていくと生理的に性衝動は低下していき，筋肉活動の快感ももたらされる。やせる，食べないといったことで，母親の関心を呼び寄せ，再び依存できるというメリットもある。こうして拒食が明瞭になっていく。

　どんどんやせていくが，何も問題ないと言って，むしろ快感をともなって，ダイエット，運動，夜遅くまでの勉強を続け，一日に何度も体重を量り，カロリー計算を瞬時にし，気分は高揚していくようになる。やせを達成し，徹底させている自分に勝利感，万能感を抱くのである。

　ある少女は，「ガリガリにやせていることが大事。スタイルではなく，やせすぎて気持ち悪いと言われるくらいがいい」と言って，毎日何時間も走り続け，自宅では筋トレとストレッチを何時間も行って，睡眠時間はほとんどな

い状態にいた。

　彼／彼女の行いは，決してダイエットの行き過ぎなのではない。命を削って万能的な自分に留まろうとするあり方がここにある。栄養失調が生じて死に至る場合もあるが，多くは，生理的な飢餓に耐えられずに食べたいという欲求が当然のごとく湧き起こってくる。そして，「食べたい，食べたら肥る」というこころの中での戦いが始まることになる。いったん食べてしまうと，それは激しい恐怖と落胆を体験するが，こころの隅では，食べないというみずからの拘束から逃れたというほっとした思いもあるようである。それは健康な自己部分なのだが，その自己に対して「食べるととんでもないことがおこるよ，肥ってしまうし，誰もあんたなんか相手にしてくれないよ，やせていなけりゃ，お母さんはあんたを見捨てるよ，絶望しかなくなるよ」と再びやせへといざなう病的な自己部分もいる。このふたつの内的な自己部分があるために，本人も周囲の者も，彼／彼女の言動に振り回される結果となる。

　治療過程で抑うつ的になりつつあったある人は，食べることを自分に許そうとの思いになっていったが，「これまで頑張ってきたのに，今食べたらいままでの頑張りが無駄になるよ」とささやく"悪魔の自分"がいることを語った。

　そうした結果，拒食や過活動へと戻るが，またもや過食がやってきて，という悪循環に陥っていくことになる。あるいは，過食したままで人工的にやせを維持するように嘔吐や下剤の乱用が開始されることになる。

　ある女性は，バイキングに毎日のように通い，そこで食べてはトイレに行って吐き，また食べるといったことを何時間も繰り返すために，とうとう店から断られたと苦笑いをしていた。

　別の女の子は，食べては吐き，さらに数百錠の下剤を連用していた。身体の中に何かが入っていることは，自分が醜く汚い思いに襲われるため，食べたものがすっかり身体から出て行ってしまわないと怖くてならないのだと語った。

　嘔吐の後というのは，虚しさや惨めさに見舞われるが，肥る恐怖を克服し，やせを維持しているのだという達成感や爽快感で，虚しさや惨めさを消してしまうのである。ここに倒錯性が発生し，過食嘔吐というあり方は慢性化し

ていくことになる。

　彼／彼女たちの過食の衝動は，通常の「食べたい」という感覚とは異なり，突き動かされ圧倒される爆発的な欲求である。

　BMI 11しかないある患者は，コンビニのお弁当を5人前，そのほかに食パン1斤，菓子パン3袋，シュークリーム10個，ファミリーパックのアイスクリーム1缶，その後チョコレート数枚をいっぺんに食べていた。

　またある女性は，その吐瀉物が毎回45リットルのごみ袋いっぱいになるほど食べて吐いてを日に何度も繰り返した。トイレに流すと詰まってしまうために，彼女はごみ袋に吐瀉物を溜めてこっそりゴミ出しをしていたのだった。

　このまま食べ続けてどんどん肥っていくという恐怖に怯える結果となり，激しい焦燥感を抱くものの，それでも食べてしまい，絶望だけがもたらされることになる。自分が無力であるという，排除していた抑うつ不安がここで戻ってくることになる。感情のコントロールができなくなり，かんしゃくを起こしたり興奮したりするといった事態になる。どうにかしてほしいと叫び狂うようになる。

　治癒へとつながる道は，やせるための行動では処理できなくなった感情——それは理想的な自己を失う悲哀，絶望感，無力感といったものだが——を他者に求めてくるところから始まる。他者に支えられながら，過食（生理的な多食だが）に伴う抑うつ的な感情に耐えていくことで，万能的なコントロールのあり方を捨て，自分の現実をあるがままに受け入れていく悲哀の過程が，回復への道になる。

　しかし，摂食障害が慢性化すれば，自己愛的で倒錯的な病的自己部分は増大していき，その人のこころを支配して，健康部分を凌駕するようになる。こうして病的な平衡状態が形成されて，かりそめの安堵がもたらされることになる。こうなっていくと，治療者とともにこころの痛みに触れ，みずからの感情を体験していくことは妨げられてしまう。

　数年間にわたる治療で症状を放棄したある女性は，「以前より肥ってしまった自分は，ふつうになってしまい，特別ではなくなった」「何も取柄のない自

分だということは認め難かったけど，これが自分で，もう無理しなくていいと気が楽になった」としんみりと語っていた。

30代後半になっていた女性は，両親の懇願に従い診療にやってきた。専門職に就いてはいたが，過食と嘔吐が繰り返されており，まともな食生活を送れていないというのが両親の心配であった。しかし，彼女は「自分はこの生き方がよいのであって，何の問題もない」と頑なであった。

IV　治療の枠組み

摂食障害の治療目標は，やせや肥満の解消，過食嘔吐という病的行動の消失や抑うつの軽減ではない。身体や行動の改善は当然必要なことだが，それらを引き起こしている本質的なこころの問題に目を向けておくことが大切である。

そこで治療の目標を明らかにする。

まずふつうにある自分を認め受け入れること。ロボットのような自分を理想としていて，食欲もなく，すべてコンピュータのように正確に処理することができる自分でないといけないと言って，情緒を排除しているが，自然の自分でいることを受け入れることを目標とする。

第二には，やせに走る気持ちの部分を諦めることである。やせに走る行為を止めることは，やせておくことで回避していた抑うつ不安に出会うことを意味する。

そこで第三に，抑うつ不安を受け入れ，それに持ちこたえること。治っていく過程では，必ずこの抑うつ不安に出会う。「食べるようになったのに，何もしたくないし，きつくて何もできない。ぐずぐずしていてだらーっとしている，ダメな自分になってしまった」「何もしたくない。治療にきているのにこんなにきつくて落ち込んでしまった。食べれるようになったけど，かえって悪くなった」。この不安，抑うつ感に治療者ももちこたえる必要があるとと

もに理想的な万能感の喪失の悲しみを味わうことが大切となる。

これらの治療目標を明らかにし，マネージメントと心理療法を準備する。

マネージメントは，摂食障害がこころの問題であることを本人だけでなく，家族とも分かち合うことが第一である。とくに両親は「わがまま」「食べれるようになればそれでよい」という考えに傾きがちであり，元の「優秀なよい子」に戻ってくれることを望むことが多い。そもそも「優秀なよい子」だからこの病理につかまったのであるから，治ることは元に戻ることではないことを理解してもらう。

次に治療環境の設定が必要になる。これは各々の病理の重さや深刻さによって決定する。もちろん，生命危機のときは身体状況の改善が最優先である。やせを維持する行動を止めるように枠組みを提供するのもマネージメントのひとつである。「運動不足になるでしょう！　スポーツジムくらいいいじゃない！　どうしてダメなの？」「ふつうの女の子がしていることだから，サプリメントくらいいいでしょう？」。この悲痛な叫びに圧倒されて，これくらいならとつい許してしまいたい思いにさせられるが，緩めてしまうと永遠にやせを維持し続ける結果となる。また，食事の量や内容，時間，場所を家族とともに同じように，家族のふつうのあり方に合わせるように仕向ける必要がある。

30代の女性だったが，大変退行した状態で現れた彼女は，ある儀式が終わるまで両親にそれを見守ってもらい，その後でないと夕食を取らないことが生活習慣となっていた。その儀式は家の柱に向かってジャンプするというもので，目標とする高さまで飛べないと何度でもやり直しとなり，夕食が夜中の2時3時に及ぶことが当たり前になっていた。それを止めることを提案したが，止めさせられることに暴力的に抵抗を示した。止めることによってどんな苦痛がもたらされるのか，その儀式にどんな意味があるのかについて，何度も話し合う必要があった。

また，過食を止めないことも必要である。「風船のように膨らんで破裂するんじゃないか」「どこまでも止まらないくらいに肥る」。過食に伴って体重増

加が起こり，そのときの動揺や焦燥感のために激しく暴力的に迫ってくるのだが，この切迫感に情緒的に丁寧に応えていくことが内面を見るきっかけになる。

マネージメントは，家族にどう協力をしてもらうか，強烈なやせの希求にどう対応するか，体重増加の恐怖や抑うつ感にどう応えるか，暴力的な抵抗をどう生き延びるかが主なものとなるだろう。このとき，そこで生じる苦痛に耐えられないと感じているとのことに理解を示しつつ，なぜこの枠組みが必要なのかを説明することが大切だと考えている。

マネージメントにあたり，問題行動は当然起こりうると認識しておかねばならない（松木ら, 2014）。また，患者に裏切られたという怒りや絶望感，無力感こそ，患者自身が感じているものだとの理解が必要である。患者は基本的に人を信用していないので，試し行為があることを予測しておく。すなわち，治療者は，どんと構えて受け入れるこころの態勢を作っておかないと，振り回され疲弊する結果となる。そして，長い治療期間が必要であることを承知し，治そうと焦らず取り組むことが大事になる。

30代半ばの過食嘔吐をしていた女性は，これまで転々と心療内科や精神科での加療を十数年にわたり受けてきていたが，度重なる万引きや自傷行為のために治療を断られることを繰り返していた。私との治療は，閉鎖病棟からの開始であった。他患の食物を盗ったりごみ箱から残飯をあさったりして食べては吐き，肥っていくことに癇癪を起すことが繰り返されたが，半年近くかけて，どうにか開放の病棟での加療ができるまで回復した。「ようやく気持ちも落ち着いて，肥ることも怖くなくなった。今くらいの体重だと体力的にきつくない」と彼女は語り，その言葉に嘘はないように思えた。面接内容も抑うつ的なものへと変化していった。しかし，しばらくすると体重が微妙に減少し，血中アミラーゼの値が高くなり始めた。彼女は「吐いていない」と一貫して強く否定していたが，2階の病室の小窓から外に嘔吐していることが見つかったのだった。

こうした逸脱行為を見逃さずに直面させ，是々非々で対応するが，一方で

は反復強迫を嫌わず，回復への恐れがあることを理解しておくことが，真の共感的理解につながるものと思う。

摂食障害者のこころには，健康になろうとする自己と病的でやせを維持しようとする自己が分割して存在している。治療において，この分割されたふたつの自己を認識しておくことは，患者との話し合いにおいても意義があるし，治療者も混乱せずに済む。健康な自己とどう治療関係を築くかが鍵となる。病的な自己に凌駕され，偽りの万能的保証に安心して病的状態に留まろうとするあり方を明確化・直面化していく作業が，マネージメントにおいても必要になる。ただ，このとき，病的な自己を形成せざるを得なかったこころの痛みに触れ続けることも忘れてはならないことである。

この病的な自己部分は，こころの真実を知ろうとしない，あるいは真実を隠そうとする，偽るといったコミュニケーション（Bion, W., 1963）をとるが，彼／彼女のこころには，病的状態を憂慮し治ろうとしている健康な自己もいる。治療は，この健康な自己との協働作業であり，いまどちらの自己がコミュニケートしているのかを把握することが必要となる。

マネージメントのうえで，心理療法は提供されることが必要である。

心理療法は，こころの世界に目を向けるようにすることであり，行動で排泄している情緒——虚しさ，寂しさ，孤独感，喪失感，絶望感——を見，その情緒を持つことの困難さに触れていくことである。

心理面接は，構造化（時間，頻度，場所を決めておく）し，面接が気ままに利用されないようにしておく。そして表されている情緒は何かを同定してコンテインしていくことにつきる。この作業は，こころの形成にかかわる母親役割に相当し，病的なこころを適切な情緒を感じるこころへと導いていく。

それには，表面的な共感や受容ではなく，彼/彼女の中にある健康な自己と病的な自己を識別し，それぞれに働きかける。語られている内容だけではなく，外的な事実——やせ続けていることや吐きダコ，顔色，手先の色，吐物臭など——にも目を向けておく必要がある。外的な状態，態度やふるまいと，話の内容との矛盾についても話し合っていくようにする。声の調子が明

るく表面的で軽快であったり，あまりに洞察めいた発言であったりするときは，病的な自己によるものである。健康な自己がコミュニケートしているときは，不安や抑うつを示し，心細さに彩られているものである。

そして，その人の内的な世界に彩られた対象関係がどのようなものであったかを，面接場面における情緒交流の中で見出していく。そこでは面接室に漂う雰囲気にも目を向けておき，その人のなかに生じている情緒として解釈する工夫が必要となる。

また，面接場面には，こころの内の対象関係が持ち込まれる。陽性の転移状況も展開されるが，偽りの陽性転移や陰性転移が生じてもくる。乳幼児期の両親との内的な関係性が，患者の内的世界を形成しているとの理解は，患者の感情や空想を知るには大切である。しかし，それを安易に解釈すると，親のせいにして他罰的に終始してしまうことが生じる。治療者側の理解としてまずは留めておき，転移対象に同一化してしまうことなく，中立性を保ちながら，この転移状況を扱う必要がある。

摂食障害の人との面接では，気持ちが触れ合えない感じであったり，無力であったり，みじめさや憎しみ，怒りであったりが生じやすいが，それらの感情は，面接者自身の個人的なものであることもあるが，患者からの投影の結果惹起された可能性もある。面接者は，みずからのこころに生じる苦痛な感情を排除せず，その性質について熟考し，その場での患者との交流として扱うことも大切である。

ある拒食だった女の子は，「自分の中にぽっかりと穴が開いていて，真っ暗でそこに何があるかとてつもなく怖い。私の世界はモノトーン。それなりに安心で私はそれで十分でそこに居続けたいけど，でも開いた穴が何なのか，何が怖いのかを知りたい」と言い，構造化した面接を開始した。彼女はある時，繰り返し見る夢を語った。それは薄暗く生暖かい空間にいて，無数の小円盤が押し寄せては息ができないくらい身体を圧迫しては去っていき，少しづつ自分が押し流されていく感じがする，というものであった。そこから彼女は誕生のときを連想し，前置胎盤で母親が死ぬほどの難産であったことに

言及した。その夢をめぐって母親への罪悪感をワークスルーしていったとき，彼女の世界は色のついたものへと変化したのだった。

おわりに

　精神分析は，それまで見ようとしてこなかった内なるこころの姿を治療者との間で映し出す長い時間をかけた面接治療である。その場その場での表面的な安心をもたらすものではないし，劇的に症状を改善させるものではない。しかし，彼／彼女のこころを理解しようとする治療者の姿勢は，背を向けつつも愛情を求める矛盾に満ちた堅い彼／彼女のこころに柔らかさをもたらし，共に摂食障害という囚われの病に向き合うことができるようになっていくものである。それは，症状の改善というよりは，そのパーソナリティの改変であり，苦痛な情緒に耐えられるこころを持つことにつながるものである。

【エッセイ】
拒食症治療との出会い
「拒食症治療の手引き」の翻訳から

　ジャメ（Jeammet）教授の主宰する思春期青年期精神科の病棟は，パリの最南端，緑濃いモンスリー公園と国際大学都市に囲まれた一画にあった。そこは摂食障害，ことに拒食症の治療で世界的に有名な病棟である。私が初めて訪れた日，私にはどの人がスタッフでどの人が患者なのかまったくわからなかった。

　白衣を着たスタッフはジェネラリストと呼ばれる一般内科医ひとりだけであり，長い爪を真っ赤に染めたスタッフもいれば，じゃらじゃらとアクセサリーを身につけているスタッフや半パンのスタッフもいるという具合だった。むろんスタッフの職種（医師・看護師・心理士・作業療法士・運動療法士・ソーシャルワーカー・教師）などはわかるはずもなかった。

　緊張していたせいか，やせこけた拒食症の少女の姿は目に入らなかった。デイルームにはたくさんの写真が貼られており，大きなサッカーゲームの台が酒場よろしくしつらえてあって，オセロやカードが雑然とおかれていた。バーカウンターのような売店もあった。若い患者ばかりのせいか，学生寮のようでもあり，とてもここが病院の中とは思えず，まさに異空間に足を踏み入れた印象だった。

　私がこの病棟で研修をしようと思い立ったのは，いくつかの摂食障害研究で有名な施設と研究上のやり取りをする中で，多くの施設が研究やリサーチ主体で，臨床的に治療に熱心に取り組んでいる施設としてはこ

こが最適と思われ，臨床の中にこそ摂食障害の本質が見えると思ってのことだった。ただ，教授の論文や講演からだけでは，まだ駆け出しの私には治療の実際をイメージして私の治療に応用することはできず，百聞は一見にしかずとばかりに押しかけたのである。

しかし，治療の実際を‘一見’でわかるはずもなく，結局私はこの病棟に２年余り通い続けたのだが，帰国した後も私の中でこの時の経験が腑に落ちるまでにはさらなる時間を要したと思う。そうした，まだ苦心惨憺，経験が腑に落ちないままの時期に，思春期学会で再びフランスを訪れ，出版されたばかりの『拒食症治療の手引き』（原題；comment vivre avec une anorexique）と出会った。

平易に書かれたその本の中に，ジャメ教授の摂食障害患者理解が詰まっていると実感したのである。この本はジャメ教授が直接書いたものではなく，教授と長年仕事を共にしてきている病棟医長と心理士の手によるものだが，ふたりとも熱心で真摯に治療に取り組んでおり，とても穏やかなパーソナリティの持ち主であった。アグマン（Agman, E.）医師は，黒髪の無骨な印象の男性だが，細やかな配慮をする人であったし，ゴルジェ（Gorge）心理士はブロンドの短髪にセンスのよさがあふれる，とても優しい雰囲気を持ちながらも，自分の意見はきっぱりと言う女性であった。本の随所にふたりの人柄がにじみでているように思えた。

ジャメ教授は，甘いマスクで物腰も柔らかいのだが，彼の文章となると硬くて難解なものが多く，語学に疎い私にはとっつき難かった。そういう意味でもこの本の発見は，せっかくの経験を未消化のまま終わらせたくないと思っていた時だったので，救われた思いがした。

ここに描き出されている治療過程は，活気ある雰囲気の病棟からつむぎ出されている。病棟での治療で驚くべきは，スタッフのディスカッションの活発さであり，発言の自由さであった。教授がいる時には若干の緊

張が走るのだが，それでも侃々諤々のスタッフミーティングは時間いっぱい行われる。時には半日がディスカッションに費やされる。とくに異なる職種間では見解の相違があるが，忌憚なくそうした意見を言える雰囲気は日本にはないものであると感じた。病棟でのグループミーティングもしかりである。言葉を発しない人のほうが目立って見える。相手の意見をどの程度尊重しているかといえば疑問ではあるのだが，他人と違う意見を出すことが重要であるのだ。そうした自己主張の雰囲気は，ディスカッションの時のみでなく，クリスマス会や感謝祭の会の時にも表れていて，各自が出品する作品は個性豊かだったし，演出も凝ったものだった。拒食症の患者が多いのにもかかわらず，お菓子もジュースも用意され，スタッフルームにはアルコールもあるといった具合で，お国柄を感じたものだが，拒食症患者だからといって特別扱いせずに共にいるのだという姿勢がそこにはあるように思えた。

　自転車でのツーリングや泊りがけのツアーなども計画され，「入院」のイメージとはほど遠い観があった。他種目の作業療法には私も楽しんで参加したが，創り出す喜び，感情を実現することの意味が重視されていると感じた。多くの病院では，食事の量のチェックがなされるが，この病院ではことさらチェックすることがないのも驚きだった。看護師は食事の場面に共にいて，共に食事をする。マナーが悪ければ注意をする。日常家庭でみられるような自然さがそこにはあった。バカンス期間には，スタッフが長期に休みを取るために入院数を半分に減らしてしまうというのも私には考えられないことであった。この期間には，代わりの補助スタッフが来るのだが，慣れないスタッフで対応可能な患者数に調整するためである。できうることの限界を心得ているのだろうし，自分たちも楽しむことを忘れていないことは，文化なのであろうか。

　もちろん，個室に鍵がかけられ，過剰な運動や嘔吐を禁じられている

患者もおり，個室管理の患者の食事につきあうことは，患者の葛藤の渦中に引き込まれ，地獄のような気持ちになる。開放病棟ではあるのだが，離院を繰り返す患者がいれば，患者も含めて病棟全体で話し合った上で，病棟自体に一定期間鍵をかけるといったこともあった。そうした措置が話し合われることそのものが，スタッフと患者の間の信頼をさらに確かなものにする。

　患者と家族とを分離させるやり方もしかりである。家族は患者の様子が心配でならないにもかかわらず，スタッフに任せ，患者と会うことも電話で直接話すこともできないことを受け入れる。それは家族にとっては容易ではないだろうし，引き受ける側にも覚悟が要ることであろう。スタッフの長年の経験による自信とそのスタッフに託す家族の信頼があればこそと思われる。十分安心できる受け皿があって，患者も家族もこの病棟で疾病と戦う覚悟ができるのだろう。

　私自身は，摂食障害患者の個人治療を主として行ってきたが，この病棟での集団治療や家族とのミーティングを通して，ひとがひととのかかわりの中で生きていること，その関係性はひとを包み安心させることもあれば，病理を生む素地ともなることを痛感した。個人治療では，ともすれば患者とふたりの関係に埋没して，周囲が見えなくなり絶望の淵に共に追い込まれるが，当事者をとりまくひとたちとの関係性の存在を体験し理解した上で個人のこころに触れていくことは，第三者の関与を重視するこの本の主眼にも沿ったことと思う。摂食障害の治療は長い道のりを要するものだが，この本を訳し終えた今，肩の力を抜いて自然に患者と共に歩いていけるようになったのではと感じている。

ねじれた愛情希求
逆転移夢からの理解

はじめに

　境界性パーソナリティ障害の患者は，愛情を飽くことなく希求する。彼らは暴力的に迫るやり方でもって，自分の欲求を何も言わなくとも即座に満たしてもらおうとし，100％の愛情を確かめ続けるのである。それは，こころにある空虚で耐え難い飢餓的感覚に基づく行為であろうが，他者を巧妙に巻き込み，混乱させ，倒錯的であるがゆえに不快にさせ，彼ら自身が疎まれる結果を生む。そしてさらなる孤独の恐怖から，愛情希求の行動を強めるという悪循環が確立される。そこにいかに愛情が注がれても，それは彼らの求める自己愛的で万能的なものとは異なるために，彼らが終に満たされることはない。彼らのこころには，コンテイナーからの愛情を受け取る受容器が備わっていないかのようであり，かかわる対象には，底の抜けたグラスに水を注ぎ続けるかのような徒労感だけが飽満することになる。

　ここに，ある境界性パーソナリティ障害の患者との精神分析における治療経過を示し，その愛情希求のあり方を考察してみたい。

I　臨床素材

　20代後半の女性Ａは，度重なる激しい自殺企図とＡ自身が治療者を信用できない思いのためにいくつもの治療機関をめぐった後，夫に連れられ，私の勤める病院に来院した。その身体は嘔吐によってやせこけ，アトピーで黒ずんだ皮膚は，自傷による切り傷や火傷の痕が誇らしげだった。Ａはなげやりに「死にたいだけ」と言い放ったが，「治してほしいんじゃない，理解してほしい」と小声で語った。Ａの自殺企図は頻回であり，外来治療の許容範囲を超えるものと推察されたが，Ａは頑として入院には抵抗を示した。

　私はＡと数回会い，知的理解は良好なこと，彼女を抱える現実的な環境は破壊的ではないこと，夫や両親の治療協力を得られること，夫との関係や友人関係が継続されていること，息子との愛情を保持しようとしていること，何より自分を理解してほしいという心的あり方への接近をＡが希求していることから，週4回（1回50分）の精神分析を提案した。週4回という構造によって，Ａの行動化に外的な枠組みを提供できるとも考えてのことであった。生命危機が切迫したなら，そのときには入院してもらうことを条件として加えた。しかし人的な理由で，私が面接と管理の役割とを兼ねた形での治療を行うことにした。Ａは，当初2週毎の外来通院を希望してはいたが，私の提案した枠組みでの面接にはしぶしぶながらも同意した。同伴していた夫にも治療枠を伝え，協力してもらう約束をした。数回後には，両親にもこの治療設定を説明し，彼女の破壊的行動の意味を見ていくことが治療的である旨を伝え，了解を得た。

　Ａの語るところによれば，共働きの厳格な家庭に育ち，母親には愛された思いがなく，常に母親からの体罰を恐れていたとのことであった。母親は世間体にこだわり，お金に異様な執着があるようにＡには思えていた。母親の「定規」はいつも正しく，それに沿わないことをほんの少しでも感じたり考えたりすることは許されないことであった。父親は優しく，幼いＡのアトピー

の治療に遠くの病院まで連れていくなどＡの世話を焼いてはいたが，母親の脅威から守ってはくれなかった。母親からの独立を願い続け，大学進学を機に，実家から離れた土地で一人暮らしを始めたが，その頃よりＡは偏頭痛や吐き気に悩まされはじめた。こうした状況に母親は惣菜を作っては足しげく彼女のもとを訪れて，その惣菜を食べるように強要した。母親が帰ると，その直後にＡは嘔吐し，自傷して部屋の壁を血で染めたり，枕を引き裂いたりして，こころを治めなければならなかった。就職が決まり経済的にも母親を頼らなくてよくなったときに，「死にたい」との思いに圧倒されて初めて大量服薬による自殺企図をし，以降アルコールの乱飲や手首自傷を繰り返した。その度に母親が車を飛ばしやっては来るのだが，枕元で顔を背けて舌打ちしているといった様子であった。アルバイト先で知り合った男性に熱烈に請われ結婚したが，それは，母親から逃げ出したい思いと，結婚がすべてを幸せに彩ってくれるとの思いからであった。ところが，結婚後，夫には多額の借金があることが発覚し，日々の生活にも困窮して，母親から経済的援助をしてもらうことが再三となった。そのなかで男児を出産し，その養育に専心したが，息子が歩き始め授乳を必要としなくなったとき，育児に自信を失い，追い詰められた気持ちとなって，自分には価値がなく生きる意味が見出せないとの思いや，苦しさを誰かにわかってほしいとの思いが切迫するようになった。夫の帰りは遅く，Ａはひとりでその不安を抱えることができなくなっていた。

　面接でＡはひたすらに母親への恨みを語った。母親の「定規」がいかに厳しく理不尽なものか，それに合わせてよい子をしてきたことでの圧迫感について延々と述べ立てた。そして「母親というのは無償の愛を与えるべきものでしょう！　あの人がお金を出し渋り，何か援助をする都度に，感謝の言葉を求めるのは我慢ならない」と言い，「ありがとうの五文字なら，いつでも言えますよ。何の意味もない。ただの音。私がそれさえ言ってりゃ，あの人は満足なんです」と母親との情緒的関係を否認した。しかしその恨みの表現は常に攻撃的侮蔑的であり，母親への度重なる罵詈雑言は，私にはしばし聞く

に堪えないほどのものであった。「あなたは心細くて一人ではどうにもならない思いでいるのに、あなたの思うように手助けできない私に腹が立ってしかたがないのでしょうね」と、私たちの関係にもそうした母親との関係性が映し出されるであろうと解釈を重ねても、Ａからはことごとく撥ねつけられ、私は理想化した対象としてだけ語られた。面接は進展せず、永遠に母親へののしりという吐物でこの場所が埋め尽くされるのではないか、それだけで終始することでの徒労感が私のこころに残っていった。

　一方で行動化は激しく、手首自傷はもとより、アルコールを多飲しての大量服薬やトラックの前に飛び出すといった自殺企図を繰り返し、私に母親や夫との面接をするよう執拗に求めた。Ａを理解しない母親や夫こそが諸悪の根源であり、彼らこそが治療の対象になるべきだとのＡの思いのゆえであった。私は、管理医として警察や救急隊、救急病院との連絡に奔走しつつも、彼女との面接では、その都度Ａの要求の意味を明確にし、Ａの自殺企図の意図するところとつなげようと試みた。しかしＡは「死への思いでこころの風船が少しずつ膨らんで爆発するだけのこと」と淡々とし、こころの痛みとその操作や行動化は結びついたものとしては理解されぬままであった。

　それでもＡの語る過去の出来事に対して、Ａのなかにあるであろう怒りや寂しさに触れるように介入し続けていったところ、治療開始より1年半過ぎた頃、「治療を止めたい」と憎々しげに語った。「先生は何もしてくれない。通っていても私の環境や状態はちっともよくならない。私の期待はいつも裏切られる。先生が何もしないせいです」と言って、実際に遅刻や無断キャンセルを重ねるようになった。私への万能的な期待感と現実的解決を即座に望んでいることを解釈し、「治療を今止めたいのは、私があなたの思い通りの現実的な援助をしないからなのでしょう。けれど、これまでの治療者との間では、あなたの期待に添った援助を実際にされてきても、あなたの傷つきはさらに痛みを増してきたし、あなたの自殺企図は激しくなっている。今私たちにできることは、あなたの傷ついたこころを一緒に理解していくことではないでしょうか」と介入した。そして過去や現実的な関係においても母親や夫

に抱いている期待が裏切られてきたことへの怒りが，A自身に向いてみずからを傷つける行為になっていることを私は伝えた。Aは私に対して「苦しいのは私なのに，先生はその私にさらに苦しくなる治療を押し付ける。何でこの私が治療を受けないといけないんですか。先生なら，これまでの先生とは違ってできるはずなのに，何もしてくれようとさえしない。こんなに人を恨んだことはない」と険を含んで言い放ちながらも，予定外の面接を要求することが続いた。

　私は管理医として，予定外であっても会わざるを得なかったが，そのとき語られることは一貫して何もしない怠惰な治療者への怒りや，無能な治療者への罵倒であった。診察として短時間で会うようなことがあれば，Aは後からそれを抗議するのであった。私は，その都度，A自身の願いが叶えられず傷ついている思いに触れながら，約束以外の時間ではAの思い通りには面接として会うことはできないという現実枠を伝えていった。しかし私は，こうしたAの治療態度に辟易とし，身動きがとれない感覚にとらわれていた。明らかにAは私に母親を転移していた。私は逆転移としてAに対して怒りの感情を抱いていた。それは，度重なる自殺企図の度に，夜半でも何時間もかけて車を飛ばして駆けつけながらも，「枕元で顔を背けて舌打ちしている」母親そのものであった。逆転移はAの投影同一化の結果であることを私は知的にはわかりながらも，それを治療に利用できず，立ち往生し，せめて現実の母親のような態度にならないようにとAの攻撃をひたすら黙って受けるだけだった。

　私はこの頃数回にわたってAの夢を見た。それは，ある時は爆弾の落ちる戦火の中を一緒に逃げ惑う夢であったり，ある時は言い争っている夢であったり，またある時はひとけのない駅のホームで一緒に汽車を待っているセピア色の夢であったりした。私はこれらの夢を吟味した。私個人の問題としてみずからの個人分析のなかで省みた上で，Aの私への投影として熟考し，Aの口調に若干穏やかさが混じる瞬間を待って，「今私たちは，あなたのなかにあるよいものを破壊しようとする力にどうしようもなく脅かされているようです。それでも一緒にならなんとか破壊されずに生き残れるとも思っている

のでしょう」と慎重に伝えた。Ａは私の言葉を黙って聞いていた。翌回にＡは，「唯一無二の存在として愛されたい，護られたいとずっと願ってきた」と語った。そして私への恨みは母親に対して抱いてきたものと同じであることを理解したようであった。このとき私のなかにＡの悲しさが伝わってきた感触があった。

　ところがその情緒に私たちは長く留まれず，Ａは再び面接で母親への徹底した攻撃と脱価値化をし始めた。その一方で，表面上の母親との関係は良好なものへと変化し，自殺企図の回数もその破壊性も減弱し，より存在を誇示する形での自傷行為となっていった。それは，アベックの多い海岸から冬の海の中に入っていくものであったり，ひと気の多いビルの上で柵を乗り越えようとする行為であったりした。そして息子との密着した関係が際立つようになって，夫を排除した。その結果，実際に夫は単身地方に職を求めて別居することになった。しかし面接でＡは，今度は逃げ出した夫への不満を語るのであった。私は，頼りたい思いと攻撃が一対になっていることを伝え，「私に頼りたい思いがあるのでしょう。でも私がその思いに応えず，逃げ出すのではないかとあなたは私に腹立たしさを感じているのでしょうね。そうした思いのためにあなた自身を傷つけることになっている」と解釈した。

　Ａはその解釈を神妙な面持ちで聞いてはいたが，その直後には迫害妄想を訴え始めた。「暴力団が付け狙っている」「電話が盗聴されている」と言い，Ａは警察に助けを求め探偵に調査を依頼した。

　私はこのＡの状態に，解釈を誤ったのではないかとの思いや見立ての甘さを後悔し，面接だけでＡを支えることに不安となった。私は窮地に立たされた。入院や薬物介入をするように方向転換をすべきなのか，転移性の妄想として解釈し続けていくべきなのか。Ａの性急な動きに私も猶予ならない切迫した気持ちとなった。私は，予定外のスーパービジョンを受け，この状況を冷静に理解することを試みた。

　私はＡの夢を再び見た。Ａがうっそうとした森の中を心細く彷徨った挙句に，助かったとの思いで乗ったトロッコ列車がゆっくり山に向かって昇って

いく。安心して乗っていると，突如急降下し始める。そのスピードと激しい揺れに，放り出されてばらばらになるとの恐れを感じているうちに平地に着く。ほっとした途端にＡが私になっている夢である。依存対象との一体化を求め続ける結果，裏切られ続けているとの思いしか持てないＡが，私との分析体験に安心とともに情緒が揺さぶられ，迫害的な恐怖を味わっているのであろうこと，そうした思いを今私のなかに投影しているのであろうことを私は考えた。そこで「あなたが頼りたいと思っている私は，あなたを追い詰める私のようにも感じているのかもしれません。心細くてならないあなたは，私にあなたが期待するそのままの私であってほしいのでしょう」とＡに伝えた。しばらく沈黙の後，Ａの切羽詰った様子が消え，夫が傍にいなくなって寂しく心細い気持ちでいることや，一人で何もかもしないといけないと思うが何もできない自分なのだと語った。面接空間に落ち着きが戻り，Ａの妄想は消褪していった。Ａは２歳のときに母親から柱に縛り付けられ，折檻された記憶を思い起こした。Ａのたわいもないいたずらが，母親の持ち帰った書類整理の仕事を邪魔したためであった。次々と幼い頃の傷ついた記憶が涙しつつ語られていった。

　その後Ａ自身が，夢を語るようになった。それは「母親を包丁でめった刺しにする」といった具体的な願望充足的排泄の夢であったが，「先生には通らない理屈をこねたいような叫びたい思いでいた」とかつての私への期待を語り，これまでの自己殺害を企てていた頃のことを振り返ることができるようになった。面接空間を包む空気は，ぴりぴりした一触即発の緊迫したものから，和らいだものへと変化していった。

　だが，Ａは面接の前日になると，急性の膵炎を起こしたり，風邪をひいたり，胃痛やひどい頭痛に悩まされるようになり，面接が終わるとこの症状はすっかり消褪するということが繰り返されるようになった。Ａは身体の痛みで苦しんでいる間，遠い将来の息子との幸せな姿を夢想していた。それは，背広姿の息子と手をつないでいる姿であったり，息子とドライブする場面であったりした。息子との一体化願望があることを介入すると，「面接では，辛

136　第2部　摂食障害を生じるこころ・パーソナリティ障害に見るこころ

い現実を知らされる。もう落ち着いたんだから身体の病気で動けなくなることがあってもいいじゃないかと思う」と言い，「私がこんなに痛みを感じているのだから，先生が私の家まで来てくれて面接してくれたらいいじゃない!?」と連想は私との関係につながっていった。この身体症状が，現実逃避であるとともに，私に世話してもらいたい思いも表していることを共有していくことができていった。

　しかし，その思いは世話してくれなかった母親への怒りを再び活性化させ，「母がいつも馬鹿にしている病人や貧乏人のように，母自身がなればいい。母に生き地獄を味わわせたい」と述べた。その「病人」や「貧乏人」にA自身が身を置き，母親に復讐していることが話し合われていったが，Aは，「母への憎しみはここで吐き出すしかない。普段はこころの奥底に沈めておく。触ると熱くて痛くて冷たい氷塊のよう」と身体に留まっている怒りを表現した。私は，Aが母親を求めるあまり母親から自由になれない思いがあることをあらためて伝え，この怒りがかつては自分に向いて自分を殺そうとしてきたこと，今は身体の中に留まってAを苦しめていることを解釈した。Aは「憎い母で，消したい母で，消したい気持ちで母を求めている。どうあっても母の存在が大きい」と母親からの愛情をあきらめきれない思いがあることを意識化した。

　そんな中，知人の葬儀に参列した翌日のセッションにAは喪服で現れた。遺影にかつての自分が映しだされて感じられたこと，今自分が生きている意味を見出そうとしていると述べた後で，「母に対して攻撃的な気持ちが占領することがある。何か言おうとすると棘のある言葉になる。こんな関係しか持てない私も寂しいけど，子どもの私からこんなふうにしか思われないあの人も寂しい人生なんだよね」としみじみと語った。Aは，私と一緒に母親を射殺する「夢とわかる夢」を見た。「わかってくれない母，抱っこしてくれない母」に同一化して自己殺害していた怒りは，凍結されて身体症状へと変化し，夢の中で安全に消化できるようになってきていることを話し合うことができるようになった。

その後，Aは父親と母親が「つがい」であることが許せないようになっていった。息子の誕生日の祝いに父親を呼ぶと母親が嬉々としてついてくることや，二人が旅行を楽しんでいることへの不満を語るのであった。「あの人たちは私のことを愛してくれていないんじゃないか。そのお金があるなら，私を助けてくれてもいいのに。二人だけで楽しんで！」。Aは，父親が自分と似た性格で，自分の気持ちをすべてわかってくれているはずなのに，母親にばかり味方することを悔しがった。それは，夫があんなに請うて自分と結婚しておきながら，借金を残して，単身で遠隔地へ行ってしまったことへの腹立たしさにつながった。私の休みにも「私を放って休んでしまう」と反応し，A自身が翌回の面接をキャンセルした。私がA以外の人と結びついているであろうことへの腹立ちとして伝えると，「私のことを一番に思っていてほしい」「先生が自分自身のことを優先したり，考えたりすることすら許せない」「先生には他に患者さんがいる。私以外の人を診ているから信用ならない」と語るのであった。Aには「自分だけを見つめ続ける」ことだけが信用できる愛情なのであった。

私への信用ならない思いや，求めるそのものが与えられないことへの怒りを，繰り返し扱うなかで，Aの連想は，見捨てられる不安へとつながっていき，一分の隙もない一体の関係を求め続けていることが明らかになっていった。それと並行して，現実的にはPTAの役員をこなし，時折帰宅する夫との時間を楽しめるようになり，破壊的な行動化はまったく見られなくなった。このときAは「牧場で馬に乗って自由に走り回る」という夢を語った。その夢からの連想において，Aは母親の「定規」から外れ，自分の自由にしてもいいのかもしれないと述べた。

Aは，経済的事情から働きに出ることを決め，治療を止める提案をしてきた。面接では，息子への過剰な期待が語られていたり，両親との金銭をめぐるいざこざが繰り返されている様子が語られたりしていた。いまだAは万能的な対象を求めるあり方をしており，苦痛を即座に排泄する傾向があることは明らかであり，治療から逃避して再び行動化による排泄を行うようになる

危険は考えられるものであった。しかし，治療当初の破壊的な行動化は消失しており，経済的に困窮していることも現実であった。この現実にみずからの力でどうにか対応しようとする彼女の健康的なこころもあるように思えた。私たちは，残されたAの問題について，とくに思い通りの愛情を求めてやまないあり方について，数カ月間話し合った。ややもすれば，怒りは浮上しては消褪することを繰り返したが，次第に悲しみを含んだ空気が面接空間を満たすようになった。

　最終回，Aの求める愛情は非現実的なものであること，あきらめきれない思いはまだ残っていることを，私たちは落ち着いた空気の中で話し合うことができた。そして，「先生にいっぱい迷惑をかけてきたけど，迷惑をかけれたことがよかった。ありがとうございました」との言葉をAは残して，5年8カ月におよぶ私たちの分析のときは終わった。

II　考　　察

1.　発症の力動的理解

　Aは，母親が自分に愛情を向けてくれているとの安心を抱けずに生育した。母親からみずからの欲求不満という苦痛を受け入れてもらった実感のないAは，苦痛に持ちこたえることはできず，衝迫的に具体的な形でそれを排泄することで，即座に欲求を満たそうとするようになった。柱にくくりつけられ，自由を奪われる体験は，みずからの欲求は受け入れられないものであるととらえられ，みずからを母親の「定規」に合わせた自分——柱に縛る——ように仕向けたのであろう。それはまた，母親の投影に巻き込まれたあり方であると同時に，A自身の投影であり，愛情を確かめるあり方であったといえる。

　Aのこうした内的状況ゆえに，母親との現実的な分離はAを混乱に陥れ，その極度の心的痛みは頭痛や吐き気として排泄され，さらには，母親との決定的な分離を回避するための自傷・自己殺害へと拡大していった。そこには，

心的苦痛の排泄としての身体の痛みによって，母親の関心・愛情をひきつけることができるとＡがとらえていた二重のもくろみがある。すなわち，心的苦痛を即座に排除するあり方こそが，愛情を感じることのできる方策となっていたのである。

さらに，表面的には母親から夫へとその愛情対象を移したかに見える結婚も，無意識的には，母親と結びつくものであったし，結婚そのものが破壊的に作動する結果を生んだ。妊娠出産によって一時的には自己愛的一体感の満足を得ることができたが，それも離乳によって喪失することになった。そしてＡは再び一体感を求めて，みずからを傷つけることで，苦痛の排除と空想上での充足を試み続けることになった。

2. 治療過程における愛情希求のあり方

Ａは，治療当初から「理解してほしい」と語り，みずからが理解するのではなく，私に理解を求めていた。みずからはno-Kの状態で万能的な理解を治療者に求め，投影によって私は万能的な治療者になるようにしむけられた。それは，外来での治療枠を超えると判断しながら加療をひきうけたことや，精神分析の治療者としての役割と管理医としての役割をひとりで担うという私のあり方に現れているだろう。

こうして始まった関係性において，Ａは私を理想化し，スプリットさせた陰性感情は，母親への非難として表された。よい対象と悪い対象のスプリットがそこにあった。Ａは母親から見返りのない愛情を与えられることを求め，母親がＡに感謝の言葉を要求することすら許せずにいた。感謝の言葉を発することは，Ａを卑小な位置に置くことを意味していたのであろう。感謝の言葉は，意図的に情緒的意味を剥奪された文字に分断された。ここにＡの自己愛の病理とともに，精神病性の病理を持ち合わせていることが理解される。それは，快−不快原則を基盤とする一次過程優位な病理であり，私との間でも欲求不満の即座の解消を求めてくるであろうことを示唆していた。そして，理想化された私とともに，万能的な自分であろうとしていた。そこで私は，

スプリットされた情緒を統合させようとの試みを重ねたが，当初Aには受け入れられなかった。もともと，母親との分離の痛みに耐え切れずに症状を呈した彼女にとって，理想化したよい対象と非難すべき悪い対象とが同一のものであると気づくことは困難なことであったし，一体感を求める対象との分離は耐え難く，私との間でも一分の隙もないように理想的な関係に留まっておきたかったのであろう。Aは私を，理想化した投影を引き受け，愛情を与え続ける対象／自己として扱い続けた。

　そうした過剰な投影同一化は，私をとらえ，治療者としての機能を失わせ，私はAの罵倒する母親そのものとなり身動きできなくなってしまった。そのときに見たAに関する私の夢は，Aへの逆転移ではあるが，Aの投影として熟考したとき，Aが私に何を投影しているかを知る手がかりとなった。逆転移夢から得た理解にもとづく解釈によって，Aは私への依存の感情を意識化し，膠着した面接は変化した。しかしそれは一瞬のことで，Aは依存をよいものとした関係性に留まることはできなかった。Aはみずからが依存するのではなく，私からAに無償の愛情を向けることを欲していたのであった。

　Aはみずからの依存感情を意識することで，かつての母親との関係を想起し，反って攻撃を顕わにした。攻撃することで愛情を確かめようとするAのあり方に対し，依存と怒りとが一対になっていることについて解釈したことは，私とAが一体ではないことを明瞭にする結果となった。わずかな分離にも持ちこたえることのできないAは，再び情緒的混乱に陥り，みずからの苦痛をこころの外に置き，迫害妄想を展開したと考えられる。

　そのときに私が再び見た夢から，私は，Aの私との一体化願望と迫害感とを，私自身がなまの情緒を伴って理解し，Aの迫害妄想の根底には心細さがあることを体験した。妄想－分裂態勢優位なAの抑うつ態勢の部分での痛みが，私の実感にもとづく解釈によってコンテインできたと考える。それまで語られなかった幼い頃の記憶を，情緒的に語り始めたように，このコンテインされた感覚は，Aが痛みをみずからのこころに持っておける部分を膨らませることへとつながった。これまでβ要素として排出していた怒りの情緒を，

次第にα要素に変換できるようになって，A自身が夢見ることが可能となっていった。それは，まずは具体的な排泄夢として現れた。

　破壊的な行動化によって表されていたAの苦痛な情緒（求める愛情の不在の感覚）は，排泄夢や身体へと転換されたが，そこでは，求めている愛情のあり方そのものが非現実的なものであり，万能的な一体感であることを話し合うことが可能になっていった。それを繰り返す経過において，初めて象徴的な夢を見ることができるようになった。

　ここにおいて，Aは私からの分離を図ろうとした。Aの求める愛情体験は，あきらめざるを得ないものであることは知的にはAは理解できてはいたが，語られる内容からはいまだ内的には腑に落ちたものではないようだった。しかし私には，経済的困窮という現実を無視すべきではないようにも思われた。Aがみずからの力で経済事情を改善していこうとする動きを，私がコンテインすることが治療的なことと考え，私はAとの治療を終わることに同意したのだった。

　残された課題について話し合うなかで，Aが求める愛情は現実にはないものであることを私たちは確認した。Aが最後に残した「迷惑をかけれたことがよかった」という言葉は，迷惑をかけていることを感じつつも，そうしなければ自分への愛情を確認できなかった耐え難い飢餓感が，私との分析体験によってコンテインされたことを伝えていたと考える。

3. 治療経過における治療者の夢の意味

　投影同一化にさらされた私は，Aの罵倒する母親そのものとなり身動きできなくなった。ただ私は，面接場面では身動きできないままにあっても，面接後には，そこで何が生じていたのか，ふたりの関係性を思考するように心がけるようにしていた。そのなかで見たAに関する私の夢は，Aへの逆転移であるが，Aが私に何を投影しているかを知る手がかりとなった。夢は多義的であるゆえ，私自身の問題を省みる作業を私の個人分析において行い，Aに対する辟易感を私の問題として検討した。そこでは，治療者としての無力

感と振り回され脱価値化される感覚，私の自己愛の傷つきが浮かび上がってきたし，孤立感に基づいて周囲から迫害される思いがあった。どうにか治療を進展させたいという欲望もあった。その上で，Aの投影としても熟考した。面接空間において生じているのは，そこにいるふたりの情緒のアマルガムであろう。爆弾の落ちる戦火のなかを一緒に逃げ惑う様子の夢は，まさにAの精神病部分が治療状況を凌駕し，私たちがそれに圧倒されている状況と，私とともにAの非精神病部分は逃げ延びようとしていることを教えてくれていたし，言い争いの夢は，Aの精神病部分との対峙を，汽車を待つ夢は，私とAの非精神病部分が抑うつ態勢に向かおうとしていることを示唆してくれていると考えた。そして，私が面接空間のその場では，過剰な投影同一化によって考える機能を失ってはいても，無意識的には考える機能を保持し，夢作業によってその機能が遂行され，それを素材に意識的に考えるという過程を経ることで，Aと私との間にある関係性が明らかになっていると考えた。この理解を，Aの精神病部分に圧倒されている私たちとともに，健康な私たちの同盟が生き残りを願っていることとして解釈した。これにより，Aは私への依存の感情を意識化し，膠着した面接は変化したが，Aは依存をよいものとした関係性に留まることはできなかった。

　Aは依存感情を意識することで，かつての母親との関係を想起し，反って攻撃をあらわにした。また私への依存と怒りについての解釈は，投影同一化を指摘することでもあり，私とAが一体ではないことを明瞭にする結果となった。それは，Aには迫害的に体験され，情緒的混乱に陥らせて，迫害妄想へと発展させた。万能的一体感を求めるAにとって，排泄している苦痛な情緒を感じることに耐えられないためにもたらされたものだったと考える。Aの迫害的対象が，暴力団として彼女を付け狙い，盗聴される体験として侵入的になって具体化された。すなわち，もたらされた精神病状態は，私の解釈によってAの依存の心細さがAのなかにはっきりと露呈し，その破局体験を性急に防衛しようとしたためと考えられる。

　私は，この時期に見た夢のなかで，Aの私との一体化願望と迫害感とを，

なまの情緒的感覚として体験し，私自身の心細さとして実感した。妄想－分裂態勢にあっても，その背後にある抑うつ態勢の部分の痛みをこのときに私が情緒的感覚を伴って理解し，この理解を通した転移解釈が，面接場面においてＡをコンテインすることにつながったと考える。私がＡと同一化した夢を見たことは，Ａの一体化願望に投影逆同一化した私の逆転移に基づく行為であるが，押し込まれた情緒に圧倒され，面接場面において自由にもの想いすることは困難であっても，無意識的にはこの事態を考えていることによって生じたことでもある。夢での体験はもの想いに相当したと考えられる。夢を見た後には，私の態度やその場の空気感がこれまでとは異なるものとなっていたであろう。面接空間にはふたりの無意識的情緒が漂っているが，そうした言葉以前のふたりの情緒体験を，私自身の夢体験でのこころ細さという実感を伴った解釈によって，Ａはその情緒を言葉として取り入れ，妄想世界から脱することが可能となったと考える。

　Ａの求め続けた一体化願望がコンテインされたことで，Ａはこれまでβ要素として排出していた怒りの情緒を，次第にα要素に変換できるようになって，Ａ自身が夢見ることが可能となっていった。この過程は，Ａの排出した情緒が私のなかに過剰に投影されて，その破壊性に投影逆同一化した状態になっても，私が無意識的には一貫して治療者としての機能を保持できていたことによってもたらされたものと考える。ここでは，ビオン（Bion, W.）のコンテイナー／コンテインド（Bion, W., 1962）の概念が有用であり，転移／逆転移状況において，母親が夢想する機能を，治療場面から離れた治療者の夢のなかで行ったと見ることができる。

　福本（2006）は患者に夢解釈をするときに行われる治療者の内的作業の諸過程を五つ挙げている。すなわち，夢のなかに入り足場を見出すこと，夢における現実の地盤すなわち内的現実にとっての真実を確認すること，夢のなかの経験を夢想すること，苦痛への防衛と登場人物の対象関係を理解すること，身は夢のなかに置きつつ，外からの視点で何が起きているのかを見ること，である。私は，患者の夢に対する解釈作業を行うときになされるこれら

の治療者の内的作業と同様に，治療者自身の転移／逆転移の文脈での夢においても，こうした内的作業が患者の無意識的状態への介入をするのに必要であると考える。なかでも，夢のなかの出来事を転移／逆転移の視点で，何が起きているのかを見ることが有用であったと考えている。

こうした作業を経て，Aが治療者に排泄していた情緒を自身のなかに保持し，夢を見ることができるようになっていった。すなわち，α機能がまだ十分でない段階から，β要素をα要素へと変換できる段階へと変化することが可能となっていったと言える。それは，A自身の夢の性質が具体的な願望充足的排泄から，象徴的な願望充足へと変化していることからも推測することができる。このなかで，治療者に万能的な自己像を投影しているあり方から，現実のここにいる治療者を見出してもいった。過剰な投影同一化にさらされる治療状況においても，治療者がα機能を保持し，その機能を駆使して患者を理解し解釈することによってコンテインしていく作業がこうした変化をもたらしえたと考える。

4. 逆転移夢の機能について

フロイト（Freud, S., 1900）がイルマの夢において，みずからの逆転移感情に言及しているように，治療者の見る夢は逆転移のひとつであり，かつては治療の進展を妨げるものとして考えられてきた。しかしながら，逆転移を治療者のコンテイナー機能の側面で考えるならば，患者の分裂排除した内的対象関係での情緒を治療者が夢想すること，さらに夢見ることは，それ自体がα機能として働き，患者の要素を理解可能なかたちにして返すという役割としてとらえられよう。

一方，スィーガル（Segal, H., 1991）は，夢には無意識的空想の葛藤をワークスルーする機能があるが，患者の正常な夢作業が破綻している場合においては，心的内容物を排泄する夢が面接場面で行動化され実演される（予告夢）と述べている。同様に，患者がみずからの無意識的空想を過剰に排泄しているとき，治療者の夢のなかでその内容物が実演されることもありうるだろう。

それは相互交流の一側面としてとらえることができる。デュパルク（Duparc, F., 1996）は，患者が言葉や夢，イメージとして表せないような外傷的な痕跡を，治療者が逆転移として夢のかたちで取り入れると述べている。また，ウルフ（Wolff, S.H., 2005）は，患者が知ることのできない情緒を治療者の夢によって推察することができると述べており，さらにその夢によって推察された象徴は考える能力に移し替えられることを示している。ウィットマンら（Whitman, R.M. et al., 1969）も，治療者の夢が，精神分析の過程でのやりとりを洞察する生産的なものであると述べている。メルツァー（Meltzer, D., 1984）は，夢を無意識的思考とみなしており，夢見ることは思考することであるとの考えを論じ，逆転移夢は，治療者の逆転移に基づくものであると同時に，患者の無意識が投影され実演される場所であるとしている。

　私は，逆転移夢は患者から投げ入れられた無意識を治療者のなかで思考するという過程を含んでいると考える。ゆえにそれは，治療者が転移／逆転移の文脈で思考できる空間を持った生産的なものであるといえる。

　過剰で多様な投影同一化を使用する患者との治療では，治療者はそれに圧倒され機能不全をきたす。こうした状況下では，治療者の患者に関する夢によって――それは患者の投影を引き受けた結果生じるものではあるが――，その逆転移状況と治療者を巻き込んでいる患者の転移状況どちらにも距離をおいてこれを鳥瞰する第三のポジション（Brenman, Pick, I., 1985）に治療者自身を置く機会がもたらされる。少なくとも治療者はα機能を働かせることのできる抑うつ態勢水準で夢を見ているゆえ，治療場面で生じていることを‘夢のなか’という治療場面の外から眺めることが可能となる。すなわち，逆転移夢は実働している転移／逆転移体験を客観的に知る媒体となり，この逆転移を把握し，転移を深く理解する素材となると考える。

　松木ら（2003）は，分析セッションのなかでのクライエントは，自分のなかに置いておきたくない苦痛や不安を，それらを含む無意識の空想もろとも，治療者を含めた分析空間に排出すると述べ，一次過程を二次過程に変容するプロセスが精神分析の行為であると述べている。その意味で夢作業を経て，

146　第2部　摂食障害を生じるこころ・パーソナリティ障害に見るこころ

言葉という媒体を用いて思考できるものに変え，患者の受け入れられる緩和
されたものにして解釈していく作業は，患者の一次過程を二次過程に変容す
るプロセスともいえる。ブレンマン（Brenman Pick, 1985）は，コンテイナー
の理論から，分析家のこころが患者の対象として重要な働きがあると述べて
いるが，治療者の無意識である逆転移夢によって得られた転移の理解は，治
療者のなまの情緒的感覚を伴ったものであるゆえ，その理解を慎重かつ適切
な時機を選択して解釈することで，患者はコンテインされ，治療の展開がな
されていくものと私は考える。

5.　技法上の工夫について

　診療に訪れたそのときから，Aは過剰な投影同一化を私に向け，A自身は
考えず，私にAのすべてを理解することを求めていた。私は，その投影を引
き受けつつも，現実に出来ることとできないことを伝えるように努めた。

　外来という枠での加療においては，彼女が当初提案した受診回数では，A
を抱えきれないと判断し，週4回という面接回数の提示をし，生命危機時に
は入院をしてもらうこと，夫の協力を得ることといった実際的な治療環境を
設けることが必須のことだと考えた。この枠を，私も厳密に守り，Aにも守っ
てもらうように常に示していくようにした。Aの現実原則を破ろうとする動
きにも，原則を伝えていくことを繰り返したが，それがAのこころを排除す
る結果にならないように，思い通りにならない痛みや傷ついた感覚について
必ず触れつつ行うことをこころがけた。また，投影をいったん引き受けたこ
とが，Aをコンテインする素地を作り出したとも考える。

　面接担当と管理医とを兼ねた治療体制は，Aの病理に巻き込まれやすいも
のであり，Aにとっても万能的な治療者を投影しやすいため，私は，面接と
診察を異なる場所で行ったり，時間設定を厳密にしたりと，目に見える形で
私自身の役割のあり方を明確にするようにした。ただ，私は，現実と心的空
想との境界がなくなるパーソナリティ障害の患者において，現実原則だけを
つきつけるあり方は，拒絶というさらなる心的傷つきを負わせ，破壊的行動

化に拍車をかけることになると考えている。Aの場合，力動的な理解なしで行うA-Tスプリットよりは，面接と管理とをひとりで担ったことは，抱える環境として適切に作用したと思われる。すなわちAとの面接では，そこで生じたAの心的空想やその満たされなさを扱うようにし，管理医としては，外来での設定において，外来看護師の電話応対や，行動化したときの外部の医療関係者の対応にも配慮した。そこでは，現実と心的空想を把握し，外界との適切な判断をしたことが重要であった。治療者が心的空想や内的問題について関心を持ちながらも，理性的に対応する態度が，Aに安心と信頼をもたらしたと考えている。

　私は，Aの情緒を引き出すように試行錯誤したが，引き受けた以上，Aを放り出さず治療的理解を深めたいとの思いを維持していくようにし，私自身がAを抱えきれなくなることを防ぐために，スーパービジョンや同僚とのコミュニケーションを活用した。また，私が個人精神分析を受けていたことは，Aとの治療に反映されている自分の問題を見出していくことに有益であった。こうした，治療者としての「私」をコンテインしてくれる環境設定は必要なことだったと考える。

　Aの行動化の意味と愛情希求についての徹底操作はできていないが，パーソナリティ障害の患者との面接では，現実との折り合いをどこでつけるかが課題となる。生きている限り，問題は生じ，傷ついて，抑うつ態勢の痛みに耐えられなくなり，妄想－分裂態勢のこころの動きをすることは誰しもある。分析には終わりはない。内的な病理的あり方と現実とのバランスを見た上で，治療の終わりを決定していくことが現実的なことだと考える。経済的困窮は，Aにとって抑うつ的な現実である。みずからの力でその改善をしていこうとする動きを，治療からの逃避とだけとらえずに，現実的なもの，抑うつ態勢へのもちこたえを示唆していることとして受け入れたのは，このバランスを考慮してのことであった。

おわりに

　過剰な投影同一化を使用するパーソナリティ障害患者が示す破壊行動は，愛情希求性の在り方であり，依存感情とその欲求不満の排泄としての攻撃であったことが扱われた。このとき治療者が見た逆転移夢は，患者の無意識的思考をなまの情緒的感覚を伴って治療者が知る体験であり，夢作業によって患者の投影するものを思考し，それを素材にさらに意識的に考え，言葉にして解釈するという治療者機能，患者の傷つきをコンテインする機能をもたらすものであった。さらに，治療の限界についても言及した。

【エッセイ】

自己感の形成
ナルシシズムについて

　自己感，自尊心というのはどのように形成されるのだろう。ある万引きを繰り返すパーソナリティ障害の女性が「私には根拠のない自信というのがない」と悲しげに語ったことがあった。彼女との精神分析的な面接から教えてもらったことは，妄想－分裂態勢から抑うつ態勢へと移行していくときに，母親のまなざしや皮膚との接触がなく，母親の声を聴けずにいたことが，彼女の悲しみの起源ではないかということだった。

　乳児のこころのなかでは，この宇宙に自分より尊いものはないという想い，ニルバーナ，オーシャンフィーリングといった想いがおそらく存在しているだろう。それは，与えてくれる乳首との出会いによって，滋養に満ちたお腹を満たしてくれる体験を重ねていくこと，そして柔らかい皮膚——柔軟性と弾力性のある皮膚——に包まれる体験を重ねることによって，確固たるものになっていくと思う。母親の皮膚は，その匂いも含めて，乳児の身体も内面も包み込む。母親から乳児はこうしてコンテインされるのである。

　母親の皮膚と乳児みずからの皮膚との接触は，自分であることへの確信へと結びつく。皮膚と皮膚の接触は，共通感覚や一体感をもたらすのと同時に，自己と他者との境界を形成する。皮膚と皮膚に間隙があることによって，ひきこもる能力（一人でいる能力）をも創り出すと考えられる。母親の乳首や皮膚といった良い部分対象を取り入れることによって，こころは成熟へと動いていき，こうして，自分が固有の存在である

こと，すなわち自己感，自己への信頼，自己への愛情が形成されると考える。

　しかしながら，そうした母親からのコンテイン（もの想い，皮膚接触，まなざし）の失敗は，自己感が傷つく体験となる。その傷つきは，自己の内部の欠損であったり，自己が自分固有のものと感じられない感覚であったり，自己が他者の一部に思われる感覚であったりをもたらす。その結果，自己愛の問題としてナルシシスティックなあり方への退避や自己愛の傷つきを防衛するあり方としてナルシシストやひきこもりを呈することになるのではないだろうか。

　私は，ナルシシズムはそうした乳児期の満たされなさといった外傷にもとづく産物であろうと考えている。対象（内的・外的）から愛されることを求めながら，得られないことの傷つきを防衛するあり方であり，対象を愛したいと切望しつつも，その愛を受け入れてもらえないとの恐怖を防衛するあり方であり，傷ついた自己が生き残るための方策なのではないだろうか。

第3部

精神科臨床における立ち位置

152　第3部　精神科臨床における立ち位置

　精神科医療のなかで患者さんと出会うとき，多くは症状という苦痛の軽減を求めてこられる。ゆえにその治療目標は，患者さんの一次過程に従ったものとなり，医療者は，薬を使い，作業療法やデイケア，マネージメントを行い，支持的で現実的，教育的な心理面接を中心とすることになる。

　それに対し，精神分析的な臨床を行う場合は，思考という二次過程に従った，苦痛に持ちこたえる力や自由に生きられるようになることをその目標とする，だが，私は医療と精神分析的臨床は連続帯を成していると思っている。フロイトが神経科医としての臨床からこころの構造を見出して患者さんとともにそれを検証し，クラインがさまざまな精神症状のなかにこころの発達のさまや機能を見出したように，私たちはそうした精神分析の知見から精神症状をとらえ，患者さんその人を抱えることができるのではないかと思う。エンゲル（Engel, G.）が「バイオ・サイコ・ソーシャルモデル」を提唱したように，症状そのものではなく，病んでいるその人を診るとき，その人がこれまで生きてきた歴史を尊重し，そこで何に傷ついてきているのかを知ったうえで，医療を提供する姿勢が要るのではないかと考えている。

　魔術的な薬の投与に安心しきってしまうのではなく，アドバイスや心理教育をする面接に頼りきってしまうのではなく，精神分析的視点でかかわることによって，こころの健康を取り戻していってくれる人はいる。その人の不安や傷つき，その防衛の在り方と症状のつながりを診ていく姿勢，そしてその人をどう抱えるかの工夫をしていくことが，精神料臨床なのではないかと思っている。

mourning workを抱える
環境のマネージメント
管理医の役割

はじめに

　抑うつは，こころに悲しみや嘆きや痛み，罪悪感といった本来健康なひとが持つべき抑うつ感情・悲哀を抱えておけないときに生じる病態である。depressionという用語が，症状としての「抑うつ」，状態像としての「抑うつ状態」疾患としての「うつ病」のいずれの意味合いにおいても用いられているために，臨床診断をしていくときの混乱をもたらしているが，私は，抑うつを抑うつ感情・悲哀の病的排出としてとらえ，ここで用いる。

　人生においてはさまざまな喪失を経験する。それらは，愛する人との死別，パートナーと別れること，職を失うこと，仕事や学業上の失敗，自分の理想とした姿を諦めざるを得ないこと，若さや健康を失っていくことなどであり，何より，出生にともない快適な母親の胎内を失い，赤ん坊の頃には離乳を経験し，母親の抱っこしてくれた腕を失うものである。このときにひとはこころのうちに喪失の苦悩を抱え，もちこたえ，諦念する中で成熟し，60にして耳順い，70にしてこころの欲するところにしたがって矩を越えぬのである。生まれ出たそのときから，死に向かっていく人生そのものが，悲哀を受け入れていく過程であり，同時に成熟していく過程とも言える。しかし，そうした悲哀の仕事（mourning work）ができないとき，抑うつ感情はこころの外に排出され，その情緒が無意識に自己に回帰し，外から押しつけられた情緒

となって抑うつという病態が生じると考えられる。

この抑うつを示して精神科を訪れるひとの根底にある疾患はさまざまである。内因性のうつ病をはじめ，解離や転換症状を示すヒステリー，摂食障害，心気神経症，知的障害の不適応，種々のパーソナリティ障害において，抑うつの苦悩が語られる。本来は抑うつ感情があるのにそれを否認して生じるある種の精神病状態や躁病，破壊的な行動に終始する病態もまた抑うつを基底とした病理がそこにあると考えられる。一方で，脳の器質的疾患や内分泌疾患など脳内の病変を基盤にして抑うつ症状を呈することもある。統合失調症のひきこもりや陰性症状も「うつ状態」として語られる。

私は，悲哀を病的な抑うつにしてしまうこころの動きは誰においてもあるものだと思っている。クラインが見出した発達過程の抑うつ態勢にこころが発達していても，コンテイナーであるこころからあふれ出るほどの抑うつ不安が生じれば，こころの状態は容易に抑うつ態勢的構えから妄想−分裂態勢的構えに移行して病的抑うつは形成されるし，ブリトンが述べているように，抑うつ態勢というのは永遠に求めつづける「彼の地」であり，ひとは抑うつと妄想−分裂の両態勢の間を微細に行き来しながら生きている。この情緒を生き抜くためには，抑うつ感情のコンテイナーであるこころそのものをコンテインする環境が必要となる。すなわち病的な状態である抑うつから，mourning work を進めてこころが本来持つべき抑うつ感情・悲哀へと変遷するのを援助するためには，精神療法医／心理療法家による精神分析的援助が必要であろうし，同時に治療環境全体を整えるマネージメントが必要となろう。患者を取り巻く環境が，暖かく包んでくれるコンテイナーとなることが mourning work を進めるのに重要な要因である。

この小論で私はそうした環境設定のマネージメントについて焦点を当てて述べてみたい。

I　治療構造の組み立て・マネージメント

　抑うつを抱える環境を整えるということは，成長の過程においてこころが抑うつ態勢に達するとき母親が妄想－分裂態勢を抱える機能を果たすごとく，病的抑うつにあるこころに対して私たち治療者が機能することである。それは，健康なこころが持つ抑うつからの逸脱としての病的抑うつに，真摯に向き合っていくことでもある。ビオンの考えに従えば，患者が抑うつという情緒を β 要素として排出しているのを受け止め，まずは私たちのこころの中に納め，咀嚼し，α 要素にして返すという α 機能を請け負うことでもあろう。

　もちろん，脳内の伝達物質の研究と薬物療法の飛躍的な進歩によって，抑うつ症状はそのような治療者機能を意識しなくとも軽快しうるものになっている。「こころの風邪ひき」と言われるごとく，初期のうちに適切なる薬物療法がほどこされれば症状そのものは消褪していき，本来の社会生活に戻っていくことは可能である。しかし，薬物療法だけで治療が終始されるならば，健康なこころが持つべき抑うつ・悲哀を持つことなく生きていくことになり，排泄された抑うつ・悲哀は形を変えてその人に襲いかかることになろうし，抑うつ症状の基底にある本来の病態を見過ごすことにもなりかねない。すなわち，抑うつを呈する人との治療には，薬物療法も含めた治療を俯瞰した精神医学的アセスメントと準備が必要である。その上で，抑うつ感情を抱えきれないこころのあり方を心理療法において見つめていくことで，本来の抑うつ感情を抱え味わって自分を生きていくことが可能になると思われる。

　ここで治療全体をマネージする管理医のなすべき第一のことは，その抑うつが何の病理から生じているのかを見立てることである。この見立てによって心理療法の方向性は異なってくる。

　第二には見立てに基づいて薬を選択することである。内因性のうつ病では抗うつ薬は必要不可欠であるが，その他の抑うつ状態においては，安易に抗うつ薬の投与のみを行い，その人の本来抱えるべき抑うつ感情を見えなくさ

せてしまうことのないようにしたい。

　第三は，患者の周囲にいる人，主に家族との協力をどのように得ていくかの検討をしなければならない。家族は患者を心配はしているが，患者に巻き込まれ疲弊していることもしばしばである。その労をねぎらいつつも，疾患を理解し，患者の苦悩を見守り支えてもらうことが必要になる。

　第四には治療環境のセッティングを考慮しなければならない。内科や心療内科での加療が適切か，精神科での加療が必要なのか。入院でするのか，外来で可能なのか。精神科でならば開放病棟に適しているのか閉鎖の空間が必要なのか。その入院は医療保護入院なのか任意入院が妥当なのかといったことも検討することが必要である。

　第五には，そのセッティングに応じて，治療の協力チームとしてどんな職種がどのようにかかわるかの決定をしなければならない。看護との協働がなければ治療は成立しえないが，今患者が示している抑うつに，必要なケアについて話し合い，情報の共有を密にしていくことが求められる。入院であれば作業療法や病棟活動をどの時期にどのような形で導入するかの検討も必要になる。

　第六には，心理療法を行う面接者を決め，その面接形態を構造化していくことになる。面接の中で起こりうる転移関係を踏まえて面接者の選択をする必要があるし，面接形態についても，基本的には面接者に委ねるが，管理医としての意見は伝えるべきであろう。

1. 見立て

　抑うつ症状を呈している人を診たときに，この抑うつ症状が何によってもたらされたものか，その重篤度を見立てることが，まず管理医のなすべき仕事である。根底にある病理を同定しないままに治療を開始してしまうと，不適切な薬の投与や方向性を誤った心理療法といったさらなる悲劇を生むことにつながる。ゆえにどんな病態が抑うつをもたらしているのかを同定することが必須のこととなるし，管理医がその見立てを患者やその家族に伝えて治

療の行く末をおおまかに示しておくことは，インフォームド・コンセントという用語を持ち出すまでもなく，当然のことである。

それはまず診察室に入室してきた患者の非言語的なコミュニケーションを感じ取ることから始まる。その表情は硬いのか，苦悩に満ちているのか，大仰で誇張されたものか，いまにも泣きそうなのか，作り笑顔なのか。目を合わせることができるのか。足取りは重いのか，歩き方はスムーズか。服装や身だしなみは適切なものなのか，男性ならひげの手入れ，女性なら化粧は適切なものかといった具合に，いすに腰かけるまでの間に多くの情報が得られる。

声の張りや話しぶり，回りくどく喋るのか，沈黙しがちなのかなども診断に必要な事項であろう。その人がかもしだす雰囲気を読むことも必要である。重苦しいのか，拒絶的なのか，自閉的なのか，硬いのか，緊張しているのか，過度に迎合しているのか。それは，根底にある疾患のにおいを嗅ぎ分けることにもなる。

【臨床ヴィネット1】

長い期間にわたり自傷行為を繰り返しパーソナリティ障害として治療を受けてきた40代の女性が，最近抑うつ的になり家の片付けが以前にも増してできなくなったとのことで入院を目的に紹介されてきた。その表情と自傷の激しさとの間に乖離があり，葛藤の訴えが浅薄な印象であった。これまでは確かに激しい葛藤に基づいた自傷があり，そこには彼女の生育史に基づいた物語があったようだが，現在の抑うつはこれまでの様相とは異なり，やや唐突な印象があった。抑うつの契機となった出来事に対する心的構えが不明瞭であったし，抑うつに伴う不安や焦燥感が弱く，表情が呆然としていて，思考が制止しているというより，思考力そのものが低下して物事の判断ができずにいるようであった。脳のCTの結果，前頭葉に明らかな萎縮が認められた。彼女の示した抑うつ症状は若年性の認知症の始まりであった。

【臨床ヴィネット2】

　思春期頃より，落ち込んで不登校を呈し心理療法を受けていた20代の青年が，最近はテレビも見なくなり，食事も家族と一緒に取らなくなったとのことで紹介されてきた。診察室に入ってきたときの自分の世界にひきこもった無表情さは，プレコックスゲフュールと言われる独特の雰囲気を持ち，診察場面では小さな声で「いいや」と答えるだけ。ときおりニヤリとひとり笑みを浮かべるそのさまは，慢性の統合失調症のそれであった。彼は入院して薬物療法をすることによって軽快し，アルバイトができるようになった。

　診察では抑うつの性状を細かく尋ねていく。抑うつ気分では，ある特定の事柄に関しての抑うつ気分なのか，漠然としたものなのか，その感情のせいで生活にどのくらいの支障があるのか，どの程度の期間持続しているのか。不眠では，寝つきが悪いのか，中途覚醒なのか，早朝覚醒なのか，浅眠で熟眠感がないのか。不眠を呈したときにどんな気持ちでどのようにして過ごすかといったことも尋ねるべきだろう。それは，その人の不安に対処するあり方を示してもいるからである。

　自殺念慮においても，自殺の具体的方法を考えているのか，積極的に死にたいのか，消え入りたい感覚なのか，罪悪感によるものなのか，漠然としたものなのか，などを知っておきたい。自傷は自殺企図として行うものとは限らないことは最近では周知のことになってきたが，自傷をするときの情緒を尋ね，その傷痕をも見ることは，その病態がパーソナリティ障害性のものか，ヒステリー性のものか，精神病性のものか，内因性のうつ病によるものかを知る手立てとなる。

　抑うつの基盤にあるのが内因性のうつ病であるなら，感情生活の深い層での障害がある。よって，症状は周囲の出来事に反応しえないと言われている。抑うつ気分や興味と喜びの減退，易疲労感，集中力と注意力の減退，自己評価と自信の低下，罪責感と無価値観，将来に対する希望のない悲観的な見方，

自傷あるいは自殺の観念や行為（過度の罪悪感に基づき，もはや生きていくことに絶望している），睡眠障害（早朝覚醒が主），食欲不振といった症状，日内変動や環境に対しての無反応といったことが見られる。また家族負因が認められることも多い。

神経症レベルであるなら，表面にある心的感情の層が障害されているので，周囲への反応が可能である。その抑うつを訴えるあり方に何らかのメッセージがこめられ，ときには自分の楽しみには積極的に参加することもできる。診察場面での応答性は（好悪をはっきり示すという意味で）良好であるし，何より葛藤や抑うつを呈する心因やその人なりの内的なストーリーが見て取れる。自傷がある場合は，その程度はためらいがちのものであることが多く，自傷することそのものが感情の排泄になっている。

摂食障害であるなら，多くは過食や嘔吐の後に抑うつ感を訴える。それは，肥った自分，食に翻弄されている自分は受け入れられず絶望的であるとの感覚からである。しかし，抑うつだけを訴えて来院する摂食障害の人はこの摂食の問題を隠してくることが多い。吐きだこや顎下腺の腫脹といった身体状態の観察が必須となる。

パーソナリティ障害なら，単に抑うつ感を訴えるのみでなく，傷つけられているとの被害感からの破壊的な行動化を伴い，喪失や別離に対する耐性の低さがある。貪欲なまでの対象希求のあり方はその人の歴史と関連したものであり，虚無感に圧倒されてもいる。

統合失調症であるなら，抑うつ症状の奥に解体や破滅の不安，迫害感がある。そのため，他者との現実的な交流はもはやなされなくなっている。自殺企図はためらうことなく遂行される。

軽度知的障害の人では不適応状態として抑うつを生じ，多くはそれを「落ち込み」「うつ」という言葉で表現する。話しぶりは要領を得ず，言葉の使い方は拙く，もともとの適応も不十分なものである。自傷もそのやり方が拙く，本人の意に反して重傷となることがある。

160 第3部 精神科臨床における立ち位置

【臨床ヴィネット3】

　睡眠時間が短くなってしまう型の不眠と食欲不振，抑うつ気分，思考の制止，自殺念慮，涙が止まず，何をするにもおっくうで身体が動かないといった症状を呈して病院を訪れた18歳の女性は，診察場面でも暗くうつむいたままで，考えが堂々巡りをし，先に進んでいかないようであった。もともと知人も多く明るい性格であり，これまでは大きな問題なく生活してきた。彼女の母親はうつ病で長い間臥せており，数年前に自殺していたが，そのときには母親の死を表面上は受け入れることができていた。しかし，彼女は自分が母親を助けられなかったばかりか，自分が母親を殺してしまったとの妄想的な自責の念を抱くようになり，母親のもとへ逝って母親に謝る必要があると語った。またこのままでは仕事もできずのたれ死ぬしかないとの確信的な思いもあった。彼女の症状は午前中に悪く夕方には少し改善していた。内因性のうつ病と診断し，病気であることを伝え，抗うつ薬の投与とともにその苦しみにじっと添うようにかかわることで，彼女の病的抑うつは改善した。

【臨床ヴィネット4】

　新しくきた上司から仕事が鈍いと注意されて，落ち込み，不眠を呈し，朝になると腹痛を生じて職場に行けない，うつ病ではないかとの訴えでやってきた30代の女性がいた。これまで保護者のように支えてくれた上司が定年で辞めたことがきっかけだった。要領を得ない話しぶりから軽度の知的障害と見立て（実際の知能テスト［WAIS］でもそれは肯定された），軽い抗不安薬の投与とともに支持的に接することで彼女のうつ状態は改善された。

【臨床ヴィネット5】

　うつ病の診断で内科に入院中の20代の女性が紹介されてきた。薬物投与でなかなか抑うつ気分が改善されないことと食欲がなく体重の減少が

激しくなってきているとの理由であった。彼女の左手背には吐きだこが
あり，顎のリンパ腺は腫れていた。私は食欲が低下しているのではなく
積極的に食べないのであろうこと，こっそり過食し吐いている可能性，
抑うつは自分をコントロールできないことでの絶望感によるものであろ
うことを彼女に伝えた。彼女は私の見立てを半分は肯定したが，そのと
きは精神科での治療を拒否して帰った。数カ月後彼女は再びやってきて，
「ここでは嘘が通らないと思った」と語り，「でも治さないといけないし
食べ吐きを繰り返す自分をどうにかしたい」と言って精神科での摂食障
害としての治療が開始された。

　その人のこれまでの生活史や対象関係を家族背景とともに尋ねることも忘
れてはならない。そこには，その人を抱える環境がそれまでどのようなあり
方だったのかの情報があり，その人の内的世界が見て取れる。それは，パー
ソナリティの診断をしていくときには必須のことであるし，これまでの社会
的適応性を知る手段でもある。
　同じように抑うつを訴えて来院しても，根底にある疾患が異なること，そ
のパーソナリティは当然異なることは留意しておかねばならない。それによっ
て治療構造は異なってくるのである。

2. 薬の選択
　抑うつ症状の本体が内因性のうつ病なら，抗うつ薬を選択することは必須
である。心理療法のみでの加療では不十分となる。ただ，薬の選択もガイド
ラインに沿ってフローチャート式に画一的になされることは，抑うつを呈し
ているその人への援助とはならないように思う。それは，実際の臨床場面で
は薬理作用そのものの反応よりは複雑かつ不規則な効果が生じるからである。
　その状態が急性なのか慢性なのか，そして重篤度を見極めることは薬の選
択に重要な点であり，まずは臨床像を把握してその選択がなされるべきであ
る。抑うつ気分や悲哀感が中心であれば，より情緒面に有効な薬（イミプラ

ミンやクロミプラミン，アモキサピン，マプロチリン）が選択される。不安
や焦燥感が前景にあれば，内的不穏を鎮静させることが必要である。このと
きには鎮静作用の強い薬（アミトリプチリン，トルミプラミン，ミアンセリ
ン，セチプチリン，トラゾドン）の選択が有効である。制止症状や意欲の低
下が主であるなら意欲を回復させる薬（ノルトリプチリン，アモキサピン），
身体的訴えや自律神経系の障害が主であるなら副作用が少なく広範囲をカ
バーする薬（SSRI，SNRI，ロフェプラミン，セチプチリン，ミアンセリン，
トラゾドン，マプロチリン）が考えられる。

　その症状の訴え方や罪悪感のあり方は，その人のパーソナリティ傾向にも
依拠するところでもあり，それは薬剤選択にも考慮されるべきだと私は考え
ている。うつ病になりやすいパーソナリティとして，大変生真面目で几帳面
な下田の執着気質と言われる性格傾向があるが，この性格の本質は対象に貪
欲にしがみつくことでもあり，そのときには抗不安効果もある抗うつ薬を選
択することが考えられよう。メランコリー型と言われる性格傾向も，対象希
求が強く依存欲求が高いのだが，それを強迫性によって防衛しようとしてい
る。こうしたあり方のときには，SSRIをはじめとする広域のスペクトラムを
持つ薬や，スルピリドが効果をもたらすことも多い。またクレッチマーが循
環気質という躁うつ病に特徴的な性格傾向をあげているが，この性格は環境
と積極的にかかわりを求める一面があるので，躁転に配慮しながら，抑うつ
気分の解消を主とした薬がよいように思う。治療者のかかわり方や薬の説明
のしかたはもちろん，薬の選択そのものも，パーソナリティを考慮すること
が検討される。

　また，精神病状態（微小妄想や罪業妄想）がどの程度存在するか，年齢や
性別，身体疾患の有無も考慮しなければならない。仮性認知症と呼ばれるよ
うな症状は付随するか，夜間にせん妄が生じていないかなども把握して，副
作用とのかねあいをみながら投薬することになろう。

　状態によっては抗不安薬や抗精神病薬の併用もしていく必要があるし，躁
状態が生じていたり，内的不穏が強かったりするならば，気分安定薬（リチ

ウム，バルプロ酸，カルバマゼピン）も選択される。

　自殺企図を含む重篤な症状を呈していれば，早急に点滴でのクロミプラミンの投与，時にはECTも考慮する必要があるだろう。

　上に挙げた選択分頻はあくまで私見からのものであり，薬理学の専門家からみると大雑把な分類であろうが，大まかな傾向を知って，患者その人に適切な投薬の判断と副作用も含めた説明を行うこともマネージメントの一側面である。

　抑うつの根底にある疾患が神経症であれば，当面抗うつ薬や抗不安薬を投与することはあるにしても，その薬がすべてを解決してくれるものではないことを患者に伝えておくべきである。

　パーソナリティ障害や摂食障害においては，その激しい行動化に対して抗不安薬や抗精神病薬，カルバマゼピンやクロナゼパムを用いることはあるが，抗うつ薬の投与は安易になされるべきではないと考える。それは，薬によって本来持つべき抑うつ感情・悲哀をないことにしてしまい，患者の情緒の排泄行為に加担することになるからである。このことは，これからなされるべき精神分析的心理療法を台なしにする危険すらある。

【臨床ヴィネット6】

　「身体のあちこちの痛み」と「抑うつとパニック発作」を主訴に来院した60代の女性は，これまで多くの身体科を受診し手術までなされてきたが，その痛みは改善されず，このために抑うつ状態になり，パニックが起こるのだと語った。彼女の生活史は，大切な人との死別が繰り返されたものであったが，これまで懸命に生きて職業上の成功を収めてきた。しかし定年となって目標を失って以来，身体の痛みが出現していたのであった。

　当初彼女にこの内的なあり方は意識されなかったし，理解もされなかった。しかし，アミトリプチリンと少量の抗精神病薬の内服によって症状が改善され，これまでの人生を振り返るにつれ，彼女は「私にも輝いて

いた時期があったんですよ。今は何もかも失ってしまった」としんみりと語るようになって，それまで攻撃的な物言いで執拗に症状を訴えていたのとはうって変わって，しとやかな雰囲気の人になっていった。

【臨床ヴィネット 7】

　30代の研究職の独身男性は，職場に行けなくなって上司に連れられ来院した。その歩き方は右手と右足が同時に出，目は虚ろで動かず，まるでロボットのようであった。問いかけにはかすかにぽそりぽそりとつぶやくように応えるものの，絶望に打ちのめされている様相であった。彼は研究の成果が認められ昇進したばかりで，輝くような将来が開けているはずだった。入院にてクロミプラミンの点滴と抗精神病薬の投与を行った。

　次第に動きがスムーズになるにつれ，自分の研究成果に自信を持てずにいることや，昇進も偶然が重なった結果であると語った。そして新たな成果を出さねばならないプレッシャーや後輩に指導する能力がない思いを述べるようになった。そうした思いを批判せず激励もせずに聞く中で，彼は自信を取り戻し元の職場に戻っていった。

3．家族との協力

　家族は患者をコンテインする環境として大きな役割を担っており，抑うつ状態の発生や経過に，患者と家族との関係性は複雑に絡み合い，相互に助長し合って影響を与えているものである。よって，患者とその家族がもともとどのような関係にあったかによって，治療にひきいれるあり方を検討しなければならない。

　患者に対し保護的，支持的にかかわろうとする家族においては，その関係性を肯定し，患者が家族に示す不満や苛立ちは安心した関係だからこそであることを伝えていく。そして，患者の抑うつを家族が自責的に感じることのないように配慮する。

　侵入的であったり拒否的であったりする場合には，こころの距離のとり方

を説明していく。また，患者の生活史をともに聞き，家族が患者の喪失への共感がもたらされるように介入する。家族自身の過敏さについても支える必要があるだろう。

情緒的な不在や無関心の家族の場合には，まず患者が示している抑うつを改善するのに家族が大きな力を発揮することを伝えていく。不在の家族においては，「鼓舞激励をしない」との一般的見解や「見守る」という言葉が，情緒的に何もかかわらずに知らん顔をすることだとの誤解を招くことが少なくない。

激励の言葉は，患者の無意識的しがみつきを振り払う行動であるために，その言葉を取り上げられてしまうと，これまでの関係性が露呈してしまうのである。そこで，家族が患者のために今できることを，具体的に無理のない範囲で提示していく必要がある。

ただ，家族に協力体制が整っても，抑うつを呈した患者がその家族にいることは，他の家族員にとっても大変な心労を強いることになる。患者は一体感を求め，依存的となったりしがみつく傾向があったりするために，そこに巻き込まれてしまうのが常だからである。この結果，過剰に患者に干渉的な態度となったり，逆に我関せずといった態度となったりして，関係性の悪化が生じる。

まずは，キーパーソンとなる家族員を見きわめ，その人を中心に管理医の見立てを明確に伝え，どのような治療が必要で，どのような道筋を通って治っていくものなのかという見通しについて説明する。少なくとも，家族にこの抑うつがどんな疾患をベースにして生じているものかの理解を得ていくようにかかわる。そして，このうつ症状は単なる怠けや精神の弱さによるものではなく，病気であることを伝え，休養と保護の必要性を説明する。とかく家族は陰に陽に根性論で患者を励ます傾向がある。教育的に，病気についての説明と鼓舞激励はしないよう要請することが，家族環境を整える第一段階であろう。

どんな病態であっても，その抑うつの発生に家族との関係性が内的には密

166　第3部　精神科臨床における立ち位置

接に関与しているものである。しかし管理医は，家族を病因として責めるのではなく，治療の協力者として支持していく必要がある。同席面接を行い，患者の抑うつに至る喪失体験をともに聞き，共感的理解を促す方法や，患者の状態に対する管理医の力動的見立てを伝える方法など，家族が患者に対して感情移入できるように工夫していく。そして，その家族の患者に対する思いを言葉にして患者に伝えたり，患者の家族への思いを家族に伝えたりし，双方の感情交流を可能にしていく援助が必要である。

　家族との協力的な連携をなすためには，家族に対し治療当初から積極的，共感的に支持していく。治療が開始されてからも，患者はややもすれば家族を巻き込み，家族はそれに翻弄され，その怒りを治療者側に向けることは少なくない。こうなると信頼関係は築けなくなってしまう。家族と定期的に会ったり，治療者側から面接の機会を提供したりしながら，信頼関係の維持のために，家族員への必要な情報の提供や情緒的な支持を行うことは必要である。そして，長く続く抑うつ状況を急いで変化させようとせず，じっと暖かい目で見守ることの大切さを理解してもらう。

【臨床ヴィネット8】

　60代の女性が，夫の葬儀の席で興奮し暴力的になったとのことで子どもたちに無理やり連れてこられた。彼女は数日前から眠っておらず，夫が世話になった人たちに昼夜かまわず電話をし，生前の夫の非礼を詫びていた。夫を失った悲哀の作業がなされていないと見立て，この躁状態の根底に避けがたい抑うつがあることを，子どもたちにも興奮している患者本人にも伝えて入院治療を開始した。躁状態は抗躁薬と少量の抗精神病薬の投与によって改善されたのだが，その後彼女自身の力では夫の死を防げなかったとの罪悪感に打ちひしがれるようになった。彼女は食事もとれず，歩くこともできなくなり，排泄すら不自由になった。この様子に子どもたちは大変な不安を覚えるようになり，その不安が患者にも伝わって，さらに何もできないと言って自責と焦燥感を強めた。子ど

もたちには治療者は定期的に会っていたのだが，この時期にはその都度，もともと躁状態の根底にあった深い抑うつがこのような形で出現していること，治癒の経過としてありうることだと説明し，この状態を看ている子どもたちの不安に共感的に接した。やがて「それほど母は父のことを愛していたんですね」と，子どもたちは患者のこの状態を肯定的にとらえはじめ，身体的ケアを重点的に行う看護師らにケアの方法を尋ねるなど積極的にかかわるようになった。彼女は，夫を死なせたとの罪悪感を語っていたのだが，次第に夫の死は自分のせいではなく病気によるものであること，夫や子どもたちのためにと生きてきたあり方はそれなりに楽しかったこと，だがこれからは残された時間を自分のために使いたいとの希望を語るようになって，病的状態は改善され退院していった。

【臨床ヴィネット9】

　40代の働き盛りの男性は，意欲が湧かず仕事に行くことがつらくなって，あるとき自家用車に乗ったまま海に飛び込もうとし，そうした自分が怖くなって来院した。仕事の配置転換で意に沿わない部署に異動になったことがきっかけであったようだった。妻はこうした夫の苦悩に反して，「仕事に行かなきゃ食べていけないじゃないの！」と責め，治療者にも住宅ローンの返済や子どもたちの教育費がかかることなど経済的不安を述べ立てた。この夫婦の関係性が影響していると考え，夫婦同席での面接を繰り返し，彼の職業上の落胆と自尊心の傷つきを理解してもらうように介入した。妻は「くよくよ考えてもしかたない」と言い，脱サラすることを彼に強く勧めて彼もそれに従った。症状そのものは抗うつ薬と抗不安薬の投与によって改善したものの，彼の真なる抑うつ不安は妻には理解されず，彼自身も否認したままに治療は終わった。

4. 治療環境のセッティング

治療環境の選択は，どの病理が根底にある抑うつであっても，患者の症状の重篤さや緊急性と，患者を抱える家族の包容力に拠っている。もちろん，神経症レベルや摂食障害，パーソナリティ障害レベルの病理においては，患者の責任性や治すことへの意思を重視していく必要があり，その判断が重要である。

外来治療は，抑うつ症状を自我違和的に見ることのできる状態，すなわち軽い抑うつ気分を訴える場合，抑うつの重苦しさはあっても社会生活への支障がさほど認められない場合に選択される。しかしできれば抑うつの苦悩を共に抱えてくれる家族，自傷などの行動化を止めてくれる家族がいる場所であることが望ましいし，ゆっくり休める時間が持て，かつ単身ひきこもらないで済む場所が確保できることが必要であろう。

抑うつによる家庭生活の障害や社会生活上の困難が認められるとき，すなわち制止症状が強かったり精神病状態が認められたりする場合は入院が必要であろうし，また繰り返される激しい自傷や自殺企図がある場合も入院を考慮せねばならない。またそのような状態でなくとも，家族の疲弊が激しければ家庭は保護的環境とならないため，入院を考慮することがある。不安やしがみつきの激しい場合には，家族から敬遠され疎外される可能性が高いものである。

内科や心療内科での入院治療は，安心できるゆっくりした環境での休養と定期的に服薬が行われることによって症状の改善がもたらされるとの見立てがなされた場合に選択される。自殺企図や精神病状態が認められるときには精神科での入院が考慮されるべきであろう。精神科の入院には，任意入院と医療保護入院の法的形態があるが，その選択は，管理医が現在の症状と治療の見通し，抱える病棟の力量について熟考した上でなされるべきである。できるだけ患者本人の意思を尊重した形式での入院であることが望ましいが，症状経過において，治療の必要性を理解せずに致命的な自殺を企てる可能性があったり，治療放棄が繰り返されたりする見通しがあるときは，医療保護

入院の選択が妥当と考える。

　開放病棟は，看護スタッフが常にいるという安心した環境で休養をし，社会との接点を失わずに内的問題と向き合うことができる利点がある。ここでの環境は，病棟スタッフのかかわりが重要となる。病棟スタッフがその患者の抑うつの本体は何かを理解し，安心を与えられるよう，その患者個人の抑うつに添って統一された対応ができることが鍵となる。管理医は，スタッフにその理解が浸透するように，日ごろから情報の交換をすることが求められる。そして，患者が特定のスタッフだけに打ち明けた内容を他のスタッフが秘密として保持できる力をサポートすることも管理医の担う事柄であろう。

　閉鎖病棟は，自殺企図や罪悪感に基づく自傷が激しいとき，制止症状によって身体危機にまでおよぶ状態のときに適応となる。閉鎖の空間は，その構造自体が保護的である。安全の確保と外からの刺激を受けずに済むことが利点である。そこでの病棟スタッフのかかわりは，より綿密な観察に基づく集中的なものであることが，患者の安心をもたらす効果を生む。管理医はその治療計画・看護計画を病棟スタッフとともに練ることが求められるだろう。また閉鎖の空間の必要意義について，患者だけでなく家族にも病棟スタッフにも十分な説明をしておく。

【臨床ヴィネット 10】

　開放病棟で治療を重ねてきた30代のパーソナリティ障害の女性は，精神分析的な心理面接によって，これまで起こしてきた数々の破壊的行動が消褪していくにつれ，抑うつ感と虚しさ，絶望感を訴えるようになった。面接を無断で休んだり，一日中眠気をもよおし臥床していたかと思うと，なんとかその情緒を排除しようと躍起になってこれまでの破壊的行動に戻ろうとする試み（以前のような破壊性はもはや減弱していた）が繰り返された。あるとき，外出して飲酒し泥酔して戻ってきた。管理医は，抑うつ不安に触れることへの恐れからの行動であろうと判断し，彼女の手をひいて閉鎖病棟に転棟させた。彼女はみずからのこころの中

に見え隠れする何かが怖くてたまらないのだと語り，任意入院のまま閉鎖病棟で加療することに合意し，数カ月の間閉鎖病棟を使用した。

5. 治療スタッフとの協働

　治療は，あらゆる病院スタッフとの協働作業である。事務受付の対応から始まり，外来・病棟看護師のケア，作業療法士のかかわり，ソーシャルワーカーの環境整備，栄養士の栄養指導や給食の人の作る料理，薬剤師の薬の説明，出入りの業者の人にいたるまで，その態度やかかわりに患者は傷つきもし癒されもする。そのことを念頭に入れて治療の連携を考えていく。ことに抑うつ状態にあっては，あらゆる刺激に痛みを感じやすく被害的な気持ちになりやすいものである。すべてのスタッフに患者個々の病態を理解してもらうことは無理ではあるが，病院スタッフが患者の病状に与える影響についての理解を浸透させておく必要があろう。

　外来治療においては，心理療法担当者との連携に加えて，看護師と情報交換し，その患者への基本的な対応について話し合っておくことによって，スムーズで適切な治療介入が可能となる。

　入院であるならなおさら看護師の協力なしには治療は成立しえない。24時間患者のそばにいてその生活状況を把握し，日常のこまごまとした相談にのり，身体的ケアをする役割を看護師が担っているからである。それはまさしく抱える母親的役割と言える。そこで，管理医は入院によってなされる治療枠のあり方と患者の問題点，病像やその苦悩の根底にある病理についての理解を看護師と共有し，予想される行動やその心理的意味を伝えておく必要がある。そして看護師との日々の情報交換を欠かさないことである。

　看護師の対応は，一貫し統一されたものでなくてはならない。看護師個々の対応が異なっていることは，治療への不信をもたらすし，患者の都合よい視点で看護チームを分断させ，治療構造自体を壊してしまう危険もある。この意味でカンファレンスをその時々で開き，管理医の考えを伝えるだけでなく，看護師の抱える陰性感情や困惑，不安も吸収していくことが必要であろ

う。そして，看護師が家族とも統一した対応ができるように，受け持ち看護師を中心にして情報の交換，助言，支持をしていくのが管理医の責務である。

入院中にはさまざまな作業療法が提供されるが，作業療法の内容も根底にある病理を加味したものであるべきだと思う。作業療法は無意識的な情緒をそこに表出し，抱え，創造性あるものに転換させる作業であると考えている。同じ抑うつであっても，怒りという情緒に圧倒された状態であるならその発散ができる革細工やタイルモザイクの選択，心細さや寂しさならおっぱいの感触を想起させるような陶芸の選択，生後早期の情緒交流に起源がありそうなときにはフィンガーペイントの選択というように，心理的理解を作業療法士とも共有した上でその作業内容を検討してもらう必要がある。

【臨床ヴィネット11】

50代の既婚女性は，夫の不貞に対する不信感から抑うつ状態を呈して入院した。憂うつな感じは入院後すぐに消失したが，スリッパを耳に当て「もしもし」と繰り返し「つながらない」と慌てたり，飲料水の自動販売機にテレフォンカードを入れようとしたりした。そして娘たちに病棟生活では不要なものあれこれを持ってくるように依頼し，ときには以前に他病院からもらっていた薬を持ってきてもらっては，こっそりそれを服用したりした。管理医から，現状態は仮性認知症の状態であることを聞いた受け持ち看護師は，患者のその日の状態を子どもだけでなく夫にも定期的に電話で連絡し，この状態の意味として，夫から愛情を向けてほしいとの思いや関係性の修復を患者が求めているということを伝えていった。それまで来院することのなかった夫が足しげく面会に通うようになったのと時を同じくして，患者の仮性認知症の状態と抑うつは改善された。

6. 心理面接のセッティング

　患者の示す抑うつの根底にある病態を把握した上で，患者が自身の抑うつ感情と向き合う心構えを示すならば，精神分析的精神療法が検討される。うつ状態の極期にあっては，力動的な考えのもとに精神療法的接近をすることはあっても，厳密な意味での精神分析的精神療法は不向きと考える。ある程度の症状の改善がなされて初めて，本人の自分を知りたいとの希望は生まれてくるし，そうであれば精神分析的な接近は意義あるものとなる。うつ状態を面接という時間・空間で抱え，そこにある抑うつ不安に触れつづけることはどんな病態であっても重要である。多くの患者がその症状の早急な改善と社会復帰を求める昨今，精神分析的精神療法は流行るものではないだろう。だが，人生の何がその抑うつを生んでいるのかについて，じっくりと見つめ考えていくことを求める人にとっては，精神分析的精神療法以外にそうした機会を提供できる場はないと思う。

　実際に精神分析的精神療法を行うかどうかの決定は，基底の疾患によるのではなく言語化能力や内面の動きを把握する能力，自分をわかりたいとの動機，分離やアンビバレンスに耐える能力，対人関係が安定しているかなどを評価して行う。そこには，マゾヒズム性格，ヒステリー性格，強迫人格，回避性人格などを基盤にした抑うつや，慢性抑うつの形態をとるパーソナリティ障害がある。分析可能性に加えて，狩野（2005）は薬物療法の制限的な場合や「もっと話を聞いてあげたほうがよい」という実践的な理由も挙げている。衣笠（2001）は，抑うつが慢性化する「抑うつパーソナリティ」に対して精神分析的精神／心理療法は有効との私見を述べており，その特徴は抑うつの背景に特有の病理的パーソナリティがあり，本人にも家族にも剥脱体験や外傷体験を持つものが多く，厳しい超自我をとり入れていることが多いと述べている。

　管理医は，上述のことを検討した上で精神分析的精神／心理療法を行うことを決定したなら，その面接者を決め，紹介し，定期的な面接をセッティングする。当然，面接者は独自に患者の病理をアセスメントするのではあるが，

管理医自身のアセスメントと面接の必要性に関する意見は必ず伝える。患者の求めに応じただけの面接導入はなされるべきではないし，面接がすべての抑うつを取り除いてくれるといった幻想による紹介はすべきではない。面接の頻度や時間は面接者と患者との間で話し合って決めていくことであり，それらを面接者に委ねる力量を持っていることも管理医に求められる。ただ入院治療をしなければならない程度の重篤さを持つ患者の場合には，週に1回頻度の面接では抑うつには手が届かないような印象が私にはある。深い関係性を求めていながらその関係性を築けずに抑うつという状態に留まっているため，少なくとも治療関係が定まるまでの期間は，面接回数は多いほうがよいように思う。こうした管理医としての意見は伝えていく必要はあろう。

　この精神分析的精神／心理療法を成立させるためには，管理医が面接のなかで起こっている事態やこころのダイナミズムを予測でき，患者が面接から逸脱しないように抱えることである。抑うつには隠された攻撃性があるゆえに，面接場面において面接者に対する陰性感情を直接向けられず管理医に語ることがある。そのときには面接場面で直接話すように促す。面接をエスケープしようとの試みには，その理由を話し合い，面接の必要性を伝え，患者自身の面接モチベーションを確認していく作業が要る。面接者との間で陽性の感情だけでなく陰性の感情が出現しやすいことや，病理的な動きとして治療を脱価値化し治療が進むことに抵抗するあり方を示すといった特徴を知っておくことである。

　管理医が面接する二人をコンテインできるようでありたい。

【臨床ヴィネット12】

　不眠と抑うつ感を訴え，抗うつ薬の処方を強く求めて来院した40代の独身女性がいた。彼女は明らかにイライラし性急に今の状態を改善したがっていた。内的なことに触れられるのを拒否するあり方は，彼女の崩れそうなこころのあり方を示してもいた。私は少量の睡眠薬と安定剤の処方をし，ひとに頼ることを恐れていること，触れられたくない事柄こ

そあなたを苦しめてきていることなのではないかとのことを伝えた。しばらく通院するうちに，仕事上の困難や恋人との関係が行き詰まった感じがしていることなどを語りはじめ，薬ではなく定期的な心理的援助を希望するようになった。

【臨床ヴィネット 13】

　抑うつと度重なる自殺企図で受診した30代の女性は，性に対して強い罪悪感を持っていた。彼女は自分のあり方を模索すべく精神分析的心理療法を受けはじめたが，面接開始後1年半ほどしたある日，怒りに満ちた表情で面接を止めたいとの思いを唐突に語った。彼女は，異性の面接者が信用できないと言い，面接場面でのやりとりを管理医に語った。そのやりとりは管理医から見ると，面接者がコンテインするように発した言葉に対して，彼女がだだをこねているようなものであった。彼女は面接者に恋愛転移を起こしており，恋愛感情を持つことそのものに耐えられないのであろうと推察された。管理医は，彼女が意識的には面接者への不信と性的誘惑を感じていることを明確にし，そのことを直接面接者に語れないのはなぜなのかと投げかけた。面接で具体的に何が話されたのかは知るよしもないが，翌回の診察では，面接を続けていくことにしたと彼女は語った。

II　マネージメントする管理医に求められるもの

　管理医には，治療全体を見通しコンテインすることが求められる。抑うつ状態と格闘する治療の渦中にみずからもありながら，鳥瞰する立場に立ってそこで生じているダイナミズムを把握もするといったあり方である。それは，自分自身でありながら自分自身を観察するというブリトン（1998）の第三のポジションに相当する能力を必要とする。そして，抑うつを呈するこころを，

健康な抑うつ不安感情をコンテインできるこころへと成熟させるためには，管理医がその抑うつの根底にある病理を理解し，精神分析的精神／心理療法の場面で生じるであろうこころの動きを見通し，その行動化の可能性を病院スタッフに説明できることが必要となる。

　このことは，管理医が「肝っ玉母さん」「お釈迦様の手掌」になって，面接で起こりうる問題を把握し，あらゆる治療状況で表出される行動化を受け止めつつ，治療環境が壊れないように抱え，成熟が促されるように後押ししていくことでもある。共感的な受容とともに積極的な父性的判断をしていくことである。管理医には，治療場面で生じる困難，苦痛，抑うつ不安に耐え，危機にもちこたえるという力が要求されると思う。

　その役目を遂行するためには，精神分析の実践をみずからも経験し，転移－逆転移感情に鋭敏になる訓練を積むことが必要のように思うし，病院スタッフというグループ力動にも精通しておく必要があろう。こうしたことは一朝一夕になされることではないし，決してすべてがうまく機能できるものでもない。ただ普段からその必要性を意識しておくことである。

　ことに，抑うつという症状を扱うとき，それは管理医のこころにも抑うつ感をもたらし，無力感や罪悪感を抱かせ，その不安に耐えがたい思いとなる。患者からの無言の攻撃や圧力は，治療の進展について責められているとの思いを抱かせられ，必要以上に薬を変更したり，早く治そうと焦ったり，どうにもならないとの無力感から治療を投げ出したくなったり，家族に責任を押しつけたくなったりする。それは，患者が投げ入れる情緒によって，抑うつ態勢にある管理医の情緒も揺さぶられ，妄想－分裂態勢的構えに陥るからである。そうした自分自身のこころのダイナミズムにも開かれておくことが，治療全体をサポートしていくことにつながるであろう。

おわりに

　抑うつの治療は，その根底にある病理の理解に基づいて抑うつ不安にもちこたえる力を回復させることであり，mourning work を進めていくことであるが，その治療をコンテインすることが管理医によるマネージメントという仕事である。治療全体のコンテイナーとして管理医は機能する。

　それは，見立て，治療の流れを作り出し，治療にかかわる人たちをコンテインし，サポートすることである。そこに起こるさまざまな抑うつ的出来事に圧倒されることなく環境設定をマネージすることの困難と重要性の一見解をこの小論で述べた。

愛着障害患者治療における
コンテイナー機能

はじめに

　アタッチメント（attachment）は，心理的危機状況において，習慣的に安全感を感じている特定の対象に近づき，そこで安全感を回復し安心することを意味している。この理論は，ボウルビー（Bowlby, J., 1979）によって，養護施設における観察調査から見出された。その中で彼は，母性的養育の喪失が子どもの心身の発達を阻害することを明らかにした。この見解は，精神分析の対象関係論において，たとえばバリント（Balint, M.）の一次愛，フェアバーン（Fairbairn, W.R.D.）の対象希求性，ウィニコット（Winnicott, D.W.）の自我関係性，ガントリップ（Guntrip, H.）のパーソナルな関係といった理論と共通するものがあるとフォナギー（Fonagy, P., 2001）は述べている。ボウルビーは，生物学視点から対象関係理論を見直していると言える。

　アタッチメントは，発達促進的なものとともに，囚われや不自由さといったものも包括された概念だが，そのネガティブな側面や剥奪から生じる病態として，解離，転換，不安性障害，抑うつ，自殺企図，非行などがあるだろう。そのひとつに摂食の問題がある。

I　摂食とアタッチメント

　摂食は，もともと母親との授乳という交流から始まるものである。乳房は，乳児が噛んだり強く吸い付いたりといった攻撃を受け入れつつ，よい栄養を与えるというコンテイナー機能を有している。しかし，それは乳児のニードをすべて満たすものではないことから，欲求不満をもたらすものでもある。

　たとえば，乳児は言いようのない恐怖に，母親のもの想いと世話がなされるとき，お腹を満たしてくれる乳首との出会いと柔らかい乳房の皮膚に包まれる体験がなされる，これは内的にコンテインされることと心地よい世話がつがった体験となり，繰り返されることによって，よい対象（安全を与えてくれる対象）の部分が取り入れられる。こうしてこころは成熟していく。母親の乳房皮膚との関係は，自分であることの確信，自己感へとつながるし，皮膚と皮膚に間隙があることは，ひきこもる能力，一人でいる能力を創り出すものとなる（Anzieu, D., 1985）。それにより，安全基地の感覚を持つことができるようになる。一方，乳房・乳首が与えられないとき，言いようのない恐怖が乳児を襲うため，乳児は乳房に向かって攻撃を向けることになる。このときは，クライン（Klein, M., 1946）の言う妄想−分裂態勢という投影同一化とスプリッティングという防衛機制を使っている状態にある。しかしながら，ここに授乳という実質的な世話，皮膚に包み込まれる体験，情緒的応答がつがうことで，攻撃を向けている乳房が同時に満足を与えてくれるものとの気づきを得ていく。

　こうした良くも悪くもある授乳体験は，乳児にアンビバレントに耐える能力をもたらし，母親という全体対象が見えてきて，ここにおいて抑うつ態勢へと変化する。母親のまなざしと皮膚体験，母親の声といったものが存在することによって，自己感が形成されていくと考えられる。そこで，良好な愛着がもたらされ思考する能力が育つのである。

　臨床において，私たち治療者がこうした皮膚役割・コンテイナーとして機

能することは，患者に安全感，安心感を与え，そこから患者自身がみずからの状態や経験を俯瞰して思考することが可能になるのではないかと考えている。

II　臨床素材

　摂食障害状態を呈した10代後半の女性とのかかわりを提示したい。
　彼女は，社会適応ができず，拒食，手首自傷，不眠，強迫的に歩くといった病態を呈していた。彼女は生直後から乳児院に預けられ，親に引き取られることがほぼないままに生育していた。母親は彼女が生直後に行方知れずとなり，父親もまた社会的な問題から彼女を抱えることができなかった。彼女は，施設でも目立たず，人と話すのが苦手で，年上の子らの言いなりだったという。学校では，クラスになじめずに友達らしい友達はいなかったとのことだった。高校を卒業後，施設から自立のために単身生活を始めてまもなく上記の状態となり，施設の職員に連れられての来院であった。
　初診時，私は，彼女の身体診察を丁寧に行った。彼女のやせ細った身体は緊張し，肩や頸は張り詰めており，手先足先は冷たく湿っていた。「こんなにやせちゃっていますね」「肩が凝っていますね。痛くはないですか」「冷たくなっていますね」などと，身体に触れながら，ひとつひとつ言葉にして伝えていくようにした。ややびくついた身体反応があったが，その後には，軽くうなずいたり首を横に振ったりして，あからさまな拒否は認めなかった。幻覚や妄想といった陽性の精神病症状は否定していたが，緘黙かと思われるくらいに自分の意見を言うことはなく，上目づかいの目はまとわりつくような憎々しげなもので，頑なな印象であった。
　BMI15.0であったが，ほとんど食べずにいるとのことで，単身生活のため，入院を勧めると，意外にも，この提案には，彼女はすんなり同意した。私は，彼女の拒食の状態は中核的な摂食障害ではなく，愛着の問題をはらんだ，人

との間に基本的な信頼感が持てずにいる，精神病的な恐怖が根底にある病態と見立てた。

そこで，かかわりとしては恒常性を保つこと，担当を決めて主としてその担当が責任をもつこと，一人が抱え込むのではなく，役割分担していくことをスタッフに提示し，安心できる環境を提供するための工夫をするようにした。また，退行したときには一体感を求めてくるであろうこと，それを満たすことがよいわけではないが，その思いは汲みながらも分離していることを示していくこと，してよいことと悪いことはしっかり伝えていくことにした。日常生活上の社会的手続きは，彼女の承諾を得て担当のPSW（精神保健福祉士）とともに行うようにした。

私は主治医として，朝と夕方に病室を訪れ，何も言わない彼女との時間を必ず持つようにした。彼女のベッド周りは閑散としていて，年齢に似合わない奇妙な服装をしていた。ぶかぶかのまったくサイズの合わない靴を履いて，ただただ歩き回る様子が特徴的だった。後に，自分のサイズというものを彼女が知らないでいることが判明した。髪が顔の半分を覆って表情は見えず，空虚で，じとーっとした空気を漂わせていた。かかわりの中で，次第に，ぽつぽつと，「肥りたくない」「食べるのが怖い」と表現するようになり，それに対して，「肥りたくないのはどうしてだろうね」「歩き回るしか方法がないのでしょうね」と，私は彼女の思いや行動の内的な動機を少しずつ扱うように介入を進めた。そして，頃合いを見計らって「自分のこころにどんな思いがつまっているのか見てみませんか」と伝えた。

そのとき行ったバウムテストでは，枠のない状態では，丸型の樹冠と枝や根が尖って絵が描かれ，内部は空白であった。枠のある状態では，空白の幹の上部に多数の葉が埋め尽くすように描かれていた。不安定さや自信のなさ，強迫性があるであろうこと，攻撃性を内包している可能性があると考えた。みずからの気持ちを考えたり空想したりすることは困難と思い，私は，媒介物を介して，安心できる対象との触れ合いと自由で保護された場の提供を目的とした心理療法を設定した。そこでは，本人が感じているものを丁寧に問

う工夫が必要であることを心理士との間で共有して，面接に臨んでもらうようにした。担当のPSWが男性であることから，心理の担当はお姉さん世代の心理士に依頼した。また，受け持ち看護師には，母親的に，日常生活上のかかわりを依頼した。顔はニキビだらけだったし，髪はべたついていて，入浴は浴びるだけといった状態だったので，顔や髪，身体の洗い方や，歯の磨き方，洗濯の仕方，髪をとかすことといったことをひとつひとつ侵入的にならないよう配慮して行ってもらうようにした。作業療法では，内的な怒りをよい形で表出し，手のひらに弾力と湿度感などで皮膚を刺激する作業として，陶芸を提案した。ただ結果的には，彼女の不器用さのために継続できず，園芸や塗り絵といったものが提供された。

　強迫的に歩くあり方には変化はみられなかったが，こうしたかかわりのなかで，食事の摂取は良好なものになっていった。しかし，身体的な不調の訴えが増え，私の姿を見ると気配なく近づいてきて，他患と話しているときにも私の後ろにペタっとくっついて，じっとしている具合になった。「そうして足音もせずに後ろにこられると，びっくりするし，今は他の方とお話ししているので，後ほど伺いますので，ご自分の部屋で待っていてくれますか」「声をかけてくださるといいですね」と具体的に介入し，「不安なのでしょうね」とその思いを扱いながら，対象との距離感を持てるような工夫を伝えていった。他患との交流はないように見えていたが，他患が自動販売機で購入している後ろにじっと立って見ているというやり方で，おごってもらっていることがわかったり，過食状態にある患者に「よく食べますね」と唐突に話しかけたりといった接近の仕方をしていた。そのためにトラブルとなることもしばしばであった。そうした人との交流の仕方について話し合いを重ねた。

　入院して半年を過ぎたころ，経済的理由から福祉を受給する手続きを進める必要が出てきた。彼女は頑なに拒否していたが，「このまま退院しても生活が成り立たないし，苦しいあなたの気持ちはちっともよくなっていないのではないでしょうか」「あなたの辛さを私たちも抱えられるように，もう少し入院の時間が必要に思います」と伝えた。この頃から，看護師からの介入には

被害的となっていった。心理面接では退室しぶりが見られ，過呼吸が生じるようになった。そして，心理士が休みを伝えたのをきっかけに「どうせわからないでしょ！」と面接室の机をひっくり返し，本棚の本を次々と投げつける事態が生じた。私は「暴力的になってもあなたの苦しみは解決しないでしょう？　そうした行為は，心理面接自体を壊すことになってしまう。あなたのきつさを理解したいと思っているのに，暴力では，理解できなくなってしまう。ちゃんと言葉で伝えることが必要」と介入した。彼女は，じっとこうべを垂れたままだったが，翌回には心理士に謝った後，「きつい」「わかってほしい」と連呼し，「時間と言われると見捨てられる」と話したとのことだった。私は，心理士の不在にも，福祉を受給することにも，放り出される恐怖と，ひどく情けなく悔しい思いがあるのだろうと介入し，福祉受給は一時的なもので，健康を取り戻せば返上できるものであることを幾度となく伝えた。「誰ともつながっていない」「孤独」と言い，「愛情が欲しい」「自分のことがわからない，根本がわからない」と私にも訴えるのだった。

　入院後1年が過ぎるころのバウムテストでは，枠なしの樹には，落ち葉が描かれ，抑うつ感や不快感が現れているようだった。枠ありのほうには，リンゴの実が描かれ，表現の仕方は幼いものの，情緒的なものを求めているのではないかと思われた。枝は閉じたままで，根の鋭さには変化は認めなかった。言葉の稚拙さを考慮し，WAISを施行したが，軽度の知的障害に該当し，言語性と動作性に有意な差を認めた。ただ，太陽が昇るのは「西」であるのに，「孔子」「清少納言」を正解するといったアンバランスさがあり，基本的な知識のなさが見てとれた。このことから，環境要因が知的な発達の制止をもたらしている可能性があるのではないかと考えられた。できるだけ平易な言葉を使うようにし，「きつい」「苦しい」としか表現しないのに対して，どこがどうきついのか，どんなふうに苦しいのかと，予測する答えを伝えながら，感じていることを具体的に言葉にするように介入していった。すると，少しずつではあったが，苦虫を噛みつぶしたような表情から，にこっと笑うようになっていった。

福祉の関係で退院が迫られることとなったのを機に，作業療法では，生活上必要な料理や生活技能に関する活動を行うようにした。包丁の使い方は稚拙で，味噌汁を作ることができず，卵を割ることもうまくできず，豆腐の扱いができない状態であったが，生春巻きを作ることにこだわりを見せるといった具合であった。生春巻きには，施設でのよい思い出があるようだったが，実際に失敗を重ねる中で，基本的なことからやっていくのがよいのだと伝えた。私の後ろに黙ってピタッとくっつく様子には変化がなく，「びっくりした！　声をかけてくれると有難いけど!?」とジョイフルに反応しながら，傍にいたい思いを明確にしつつ，現実的なこれまで同様の介入を続けた。BMI18で退院することになったが，退院に際しては，彼女も同席しての退院支援委員会を数回行い，障がい者相談支援センターや作業所を利用するよう手筈を整えた。ただ，彼女は訪問看護やヘルパー利用は頑なに拒否をした。自分の空間に見知らぬひとが入ってくることへの恐怖があるようであった。

　退院後には，独居の寂しさや何もすることがないとの訴えが続いた。担当していた心理士が退職したこともあり，週に1回の診察だけでは，気持ちを語ることは難しく，日に何度か電話をかけてきていた。私からは，作業所の通所日を増やすことやデイケア通所を提案したが，彼女は拒否し続けた。そうした中，地域活動支援センターにおいて，男性メンバーに不用意に接近し，性的接触を受ける結果となった。ひととの距離がつかめないようであり，私は半ば憤りとがっかりした思いの中で，男性に不用意に近づくことがどういうことになるのかを，真剣な眼差しで伝えた。診察では，めまいや動悸の訴えが再三になり，入院希望がなされた。不安や寂しさがあることを明確化し，それでも一人暮らしができていること，作業所では挨拶や他利用者と話すことができていることをポジティブに評価し伝えるようにしていた。

　ところが，退院4カ月後，車との接触事故が起きた。彼女の飛び出しによるものだった。救急搬送先で「X病院に入院している」「家族はいない」と言い，後遺症の確認のための入院も，外傷の継続加療も拒否して帰宅したが，翌々日には，片眼が充血した状態で作業所に行き，頭痛と腰痛を訴えて当院

への入院を希望したのだった。

　私は辟易した思いとなった反面，それしか方法がなかった悲しみを味わわされた。「入院したかった」との彼女の言葉に，一人で生活することがとても寂しく不安だったのであろうことを伝え，飛び出し行為は危険であると叱る口調で介入した。そして「事故に遭ったら，ここに入院させてもらえると思ったのですね。それほどきつかったということなのでしょうね」と伝えると，黙ってうなずいていた。そうではあっても，していいことと悪いことがあること，無理やり自分の想いをこうした形で押し付けることは，逆に想いが伝わらなくなってしまうことだと話した。

　入院後には，常同行為と解離，けいれん発作を認めるようになった。脳波上は，著明な外傷性の波はなく，不安な事態が生じると手の震えが生じ，「けいれんが起こった」と訴えてくるなど，ヒステリカルな一面が見うけられ，身体的ケアを求めることが増えた。看護スタッフは身体ケアを主に行い，私は訴えの都度，身体診察と同時にそのときの感情を尋ね，訴えの背後にある意味を言葉にしていく作業を重ねた。一方で，PSWは一人暮らしの振り返りをしつつ，必要なサポートの見直しを彼女とともに行っていった。ひとりでできそうな社会的手続きは，下準備をしたうえで，ひとりで行ってもらうなど，より彼女自身に責任を持ってもらうように動いた。作業所，訪問看護，ヘルパー，障がい者相談支援センターと連携した環境調整をし，8カ月かかってようやく退院にこぎつけたのだった。

　しかし，退院直後は，訪問スタッフやヘルパーとのトラブルが続出し，対応について連絡したり，ケア会議を開いたりせざるをえなかった。そこでは，彼女が援助者を試し行為で振り回していることにどう対応するのかが話題になった。彼女には，ひととの間で安心感が持てないことや自分をしっかり見てほしいという想いがあることへの理解を関係者に求めた。その上で，彼女なりに試行錯誤しながら関係を修復する試みをしている様子には，評価するようにした。

　止まっていた生理が再開し，生理の意味やその煩わしさを話し合う時間を

持ったが，この頃から，奇妙な化粧をし，強い香水をまとい，じゃらじゃらとアクセサリーをつけ，衣服も派手でアンバランスなものを着てくるようになった。強い香水には大変悩まされた。日に数回，電話連絡をしてくることは続いていたが，次第に，私が電話に出られなくても，持ちこたえることが可能となっていった。診察時には，作業所からの情報を伝えるときに，ポジティブな評価と注意とを8対2の比率で行うようにし，加えて，持ち込んでくる行為や状態についての意味を一緒に考える作業をした。幼児のごとく，顔をくしゃくしゃにして涙を流し，ズルズルと鼻水を垂らす場面が増えた。ただ，待合室では一人じっとうつむいていた以前と違い，入院時に知り合った少し年上の同性と話している場面が見られるようになった。また，訪問看護では，適切な化粧の仕方や香水の付け方，TPOに合わせる必要を指導してもらうことで，次第に歳相応の身なりをするようになっていった。作業所や入院中に知り合った同性との交流がなされ，ひとりで映画を観に行くといった余暇の使い方もできるようになった。

　この時点でとったバウムテストでは，枠なしでは，リンゴの実がなる樹の周りには桜の花びらが舞っており，根は尖っている。枠ありのほうでは，リンゴはなってはいるが，実が落ち，「雨で腐ってしまう」と表現され，根っこは「腐った葉っぱの泥土」で覆われている。枝は開かれているが，樹冠と葉が離れている。

　彼女は，自分が生きていてよいのか，何のために生まれてきたのか，どうしようもない親から生まれた自分には価値がないのではないかと，実存的な悩みを語るようになった。私は，黙ってその想いを聴いて，それでも生きていくしかない悲しみに触れるように介入を繰り返した。

　そうしたかかわりのなかで，彼女は，作業所から就労移行支援施設に移り，実際に就労することが可能となった。そして，みずから父親と母親の行方を探し出し，対面を果たしたのだが，長い間彼らに求めようとしてきた愛情は得られないことを実感したのだった。私たちは共に，その喪の作業を時間をかけて行っていった。

III　若干の考察

　本症例の場合，生育した施設でのかかわりでは，特定のアタッチメント対象が存在しなかった可能性があるが，それでも施設という安全な場所が確保されている限りにおいては，彼女なりの防衛手段を講じて適応していたと考えられる。そして，その文字通りの安全基地という場を失ったときに，病的状態を呈したと考えられる。それは，心理的には，青年期にアタッチメントの問題が浮上するのと同様であろう。彼女の場合，拒食という病像は，愛情の欠如を表現していた可能性があると思われる。彼女の自己感は育っておらず，内的には迫害感に満ちた妄想－分裂態勢にあったことが考えられる。アタッチメント・スタイルでいえば，恐れ型ととらわれ型が併存している二重型（林，2010）に相当するかもしれない。

　私は主治医として，彼女を病院スタッフがコンテインしていけるような体制を作ることを試みた。そして，外的な事態や彼女の行動を情緒体験や内的な動機と結びつける作業を行い，現実検討を促すことをし，真摯に彼女に向き合う姿勢を心がけた。ウィニコットは，「逆転移の中の憎しみ」（Winnicott, D.W., 1958）という論文で，非行少年に対して，その行為によって対象に生じてくる感情を伝えること，それについていつでも話し合うことができることの必要性について述べている。このアプローチは，私が皮膚機能と考えるものと同様である。皮膚機能は，皮膚の温度，湿り，皺，匂いによって包みこまれる一体の体験をもたらし，同時に自他の境界を示すことができ，安全基地感覚を育むことにつながると思われる。これにより，彼女は，内的にコンテインされ，自他の区別をつけて，自己感を形成するようになっていったのだと思う。しかしながら，車との接触事故を起こしたのは，私が彼女の孤独感や依存感情を拾い損ねた結果であろう。1回目の退院時に，訪問看護やヘルパーを拒否したのは，彼女に侵入恐怖があったゆえだろうが，彼女の行動に辟易しつつも，私が放り出さずに，彼女の中で何が起きているのかを考

える姿勢を保つことで，彼女が私やスタッフをアタッチメント対象として捉えることができるようになっていったと考えられる。そして，治療的介入に安心を得るに従い，彼女自身の攻撃性を覆って抑うつ態勢に進んでいったのだろう。その結果が，自己について考える姿勢をもたらしたと考える。

　一方で彼女の中には，いまだ妄想－分裂態勢のこころの状態が存在しており，それは，被害感にさいなまれる様子や幼児のように泣くさま，そしてバウムテストの枠ありの「樹幹と葉が離れている図」に見てとれる。誰しも精神病部分と非精神病部分（Bion, W., 1957）を持ち合わせていると考えられるが，非精神病部分，すなわち抑うつ態勢のこころをより多く育んでいくには，治療スタッフが安定したアタッチメント対象として継続的に存在することが肝要なのだろう。

　アタッチメントは，幼少期の母親対象との関係性のみでなく，生涯にわたってひとのこころに作動し，その対象との関係性は変化していくと言われている（林，2010）。私たちが彼女の良好なアタッチメント対象として機能し，彼女が抑うつ態勢へと動いて思考できる部分が育つことは，彼女が自己感を持って生きていく一助となると考えている。その結果，独り暮らしをしながら社会の中で就労が可能となったのだろう。また，両親からの愛情を求めても，現実には得られないことを知る過程を共に過ごすことは，私がコンテイナーとして機能することであったと考えている。

おわりに

　母性的養育が欠如した拒食状態の思春期女性との治療経過を提示した。その治療において，治療者の皮膚役割・コンテイナーとして機能したことが，彼女がアタッチメント対象を見出し，自己感の存在について思考することに寄与したことを検討した。

【エッセイ】
治療者に攻撃的となるケース:
困難ケースへの対応

はじめに

　精神疾患の根底には攻撃性の問題が存在し，内なる攻撃性を扱うことは精神科臨床では必須だが，そのあらわれかたは，社会やパーソナリティ要因の影響や，個人的な制約を受けるため多岐にわたる。また，生物学的要因も大きく関与し，大脳辺縁系，脳内化学物質，ホルモンとの関連も報告されている。よって，そうした社会的側面，心理的側面，生物学的側面の多方面からの理解に基づいたアプローチが有用となる。

　本小論では，攻撃性の概念（福島，1993）のうち，対象に重大な傷害（死など），苦痛，恐怖，不快をもたらす攻撃的行動，とくに治療者に直接攻撃行動を向ける患者における攻撃的行動の意味とその対応について，先ず症例を呈示し検討したい。

臨床素材

【臨床ヴィネット】

　Aは非定型精神病と診断され，精神療法を目的として紹介されてきた30代前半の女性である。Aの母はうつ病でAが幼い時から母方の実家で加療を続け，父は偏屈で言葉数も少なく失禁するほどにアルコールを飲んでいる。Aは大学卒業間近に初めて恋愛をしたが，大学院の受験失敗

と同時期に失恋し，混乱して精神病状態となった。私との構造化された精神療法が始まったのは，この混乱から6年を経過してからのことである。

面接の回を重ねるごとに，Aの期待通りではない私を「何もできない，何もしない，無能だ」と激しくののしった。「私に母親のように抱えてほしい思いがあるんでしょう。なのにあなたの思い通りにならない私は，あなたのお母さんのようで腹が立つんですね」との介入に，ひどい剣幕ながら「治療者としての先生ではなく人間として触れ合いたい」と述べた。しかし，同時に治療者を替わりたいと要求し，喧嘩腰でしか話せずにいた。「頼りたい気持ちを直接出すのはとても怖いことなんですね」と，依存感とそれを表す恐怖を伝えたところAは混乱し，ある歌手との恋愛妄想の中に生きるようになった。

私は，温かい情緒を感じる恐怖と拒絶される恐怖があるとの解釈をし続け，Aは約半年間の精神病的混乱から脱して，深い抑うつ状態を経て，依存することとその恐怖を話題にできるようになった。

【臨床ヴィネット】

Bは20代前半の過食嘔吐を主訴にやってきた女性である。両親仲は悪く，母はBが立派な資格を身につけることだけを期待して養育した。中学に入って以降，Bは不良仲間と交際し，利那的な性的関係を結び，大学入学はしたが風俗業に就き中退した。この頃から過食嘔吐，下剤乱用や催吐剤の服用，手首自傷が始まった。

初診の1年前に父が亡くなった直後から，道端で食べ吐きし，その場で寝込んでしまうほどになった。母の前では従順だったが，実家に戻った後には通りすがりの人と喧嘩し器物を破損した。不眠を主訴に通っていた病院からの紹介でパジャマ姿のままやってきたBは，入院をいきな

り希望した。私は適切な治療のために何回か外来で会ってからとの提案をした。この提案にBはしばらく診察室から動かず，ついにはごみ箱を蹴り，看護師に悪態をついて帰った。

外来には通院してきたが，入院予定日には来院しなかった。その翌日Bはやってきて平然と入院を要求した。

私は，「あなたの都合もあるでしょうが，約束の下で一緒に治療をしていきましょう。入院は決してあなたの思い通りの環境ではないし，入院中にはあなたに過食や嘔吐を許すことはできないのですから」と伝えると，突然叫び髪を引き抜き物を投げつけた。「私に助けてほしい精一杯の思いで来たのに，あなたの期待に応えず入院させないことに腹を立てているんでしょう。でもそのやり方では，これまでの繰り返しになる」と伝え，私は彼女の暴れる腕を押さえた。いったんは収まりかかったが，私に蹴りかかるため，看護師の応援を頼み，抗精神病薬であることを伝えた上で施注した。Bは，「あんたに私の辛さがわかるか！」と叫んで診察室を飛び出した。Bは次の外来日に「これまで私が暴れれば私の言う通りになったし，それでしか言いたいことは言えなかった」と語った。

【臨床ヴィネット】
Cは50代の男性で10代後半より奇妙な儀式的行為が出現し，家族に暴力を振るい次第にひきこもり生活となった。20代前半の時に父が他界したことを契機に精神科を受診し，統合失調症の診断がなされたが，通院できず，未治療のままであった。家族は恐怖のために彼一人を残して家を出，母だけが食事の世話に通う状態が30年近く続いていた。

住んでいる公営住宅が取り壊しになる話を契機に，母と妹とともに精神科を再び訪れた。眼光鋭く，がっちりとした体型で異臭を放っていた。診察室に入るや語気は荒く握り拳を握りしめていた。私が彼の確認行為

につきあわなかったことで，Cはすごんだ気色で身を乗り出したため，殴りかかられるのではないかと内心怯えたが，彼にとって精神科を受診することがいかに恐ろしいかを想像し，Cが来院を決心した思いに共感的に接した。Cの表情は和らぎ，これまでの病的体験を語り，「今は万年筆のインクが出たり出なかったりすることを誰も信じてはくれない。大変なんです」と語った。

私は，万年筆は彼のペニスの象徴であるとの理解をして「家も壊されるし，あなたが男性として力を失ってしまい，もうあなたの存在自体が危ういのではないかと恐ろしく思っているんでしょう」と返すと，殺される恐怖を述べ，悲しい表情を見せた。私はそうした恐怖を少しでも和らげる手伝いをしたいことを告げ，Cはこれに同意し，治療が始まった。

まとめ

病態水準の異なる3症例を呈示したが，Aは依存を満たしてもらえなかった絶望が，Bは対象喪失の不安が，Cは自己喪失の脅威が，表出された攻撃行動の奥にあったと考えられる。ここでは治療者である私に，彼らの傷つきを抱えられなかった過去の人たちが転移されていた。このことは，患者の生活史やライフサイクル（西園，1984），家族要因を検討する中から理解され，これらの情報は診断のみでなく治療や対応につながるものとなる（花輪，2000）。治療者は患者の攻撃を引き受ける時，こうした検討を踏まえ，攻撃の奥にある心理を見出す必要がある。

さて，攻撃的行動には言語的なものと身体的なものとがあるが，言語的な場合，攻撃的な言葉の奥にある意味——傷つきや喪失の不安，絶望感——をとらえることである。彼らはこれらの感情を恐れ，実は防衛（川谷，2001）しており，その防衛手段として攻撃行動を表していると理解

すると，攻撃を受け入れ，より破壊性の少ない言葉で患者に返す作業が可能となり，安心した関係を築いていくことができる。

　身体的な攻撃的行動，暴力の場合には，毅然としてその行動を阻止せねばならない。たとえ精神病状態であっても，暴力をそのままにすることは，他者を傷つけてしまったというさらなるこころの傷つきを負わせることになる。患者の心理状態を把握し伝え，暴力に対峙し，適切なる応援を頼み，治療の枠の中で収まりがつかない場合は公権力に頼ることも必要となる。

　薬物による対応としては，カルバマゼピンやクロナゼパム，リチウムカルボナートや，少量の抗精神病薬による衝動性の緩和が有用である。また，その根底に抑うつがある場合には抗うつ薬，SSRIを用いる。病的な嫉妬を示す場合にはピモジドに反応する（Stone, 1990）。このように，薬物の選択も心理状態を把握して選択することが有効である。こうした薬物療法の併用は，治療関係を維持し，健康な人格部分に働きかける手助けとなる。

終章：こころが自由になること

　私は，精神分析という映画や本には時々登場する100年以上前に確立された面接法を踏襲して実践している。その精神分析によって，どんなことがこころにもたらされるのかについて話をしてみたい。

　精神分析では，基本的にはカウチと呼ばれる寝椅子を使用する。そこにクライエントに仰臥してもらい，こころに思い浮かぶことを自由に──この自由にというのが難しいのだが──そのままお話しいただく。ひと前で横になって話せと言われても，なかなかできるものではないが，横たわるといろんなことが浮かんではくる。頭のなかにごちゃごちゃと言葉にならない塊が浮かぶかもしれないし，意味を持たない感覚に襲われるかもしれない。横たわると，ひとのこころは意識の深いところへと向かうのである。それを言葉にして声に出して話すのは難しいことで，こんなことを話して意味があるのだろうか，笑われやしないか，怒られはしまいか，なんと思われるだろう，恥ずかしい，言葉は思いつくけど話の着地点が見つからないから話せないなどなど，話すことがこんなに難しいものかと思うくらい，仰臥して自由に話すことは私たちの日常とは異なる体験となる。私たちはけっこうひとに合わせた話をしているものなのだろう。分析家は，カウチの後ろに座り，クライエントからは見えない位置で，その話に耳を傾けている。クライエントにとっては，分析家が見えないゆえに不安になることもあるし，逆に顔色を窺う必要がないという利点もある。このセッティングで，何十回，何百回と交流していくという，非日常がそこにある。その体験は，こころに焼き付き，日常においても大変意味あるものになっていく。

精神分析は過去の話をするのだろう？と問われるが，今，ここにいる自分のこころが，自分のありようが，何に縛られているのか，何にひっかかっているのかを，クライエントと分析家とが共に見ていく，知っていく，理解していく，そして二人の間——クライエントと分析家のふたり——のこころの交流がなされることが精神分析である。決して過去ではない。今生きているそのひとが悩んでいること，囚われていること，症状があるとすればその症状，こころを重苦しくさせているものがどんなこころの足かせによるものなのか，その足かせを取り除くにはどうしたらいいかということを，分析家とともに，情緒的な交流を通して考える過程が精神分析である。その過程にあって，過去の出来事や家族との関係性について語るかもしれないし，かつての自分を振り返ることもあるだろう。だが，それは過去のものではなく，今の自分のこころを構成するものなのである。

　2013年に，村上春樹が『色彩を持たない多崎つくると彼の巡礼の年』という小説を著している。ベストセラーになった本だが，アマゾンのレビューでの意見はさまざまで，ざっと見ると，星ひとつの酷評から星５つの絶賛まで，「評価の分かれるところ」（北山修）なのだが，この作品の流れは，精神分析でのこころの探索過程と似ているように思うので，ここで触れておきたいと思う。

　日々の生活はそれなりにこなしていて，自分が希望した仕事に就いていても，情緒的には空虚に生きている30半ばの男性；多崎つくるが主人公である。知り合った年上の女性からの指摘で，かつて高校時代に一体感の中にいた友人らから，突然排除され傷ついた出来事を振り返るために，その友人らを16年という月日を経て訪れる，それが巡礼に相当するのだが，そこでの交流から自分の過去——それは今のあり方に通じる——を見つめなおしていくというプロセスが描かれている。

　主人公の彼は，高校時代5人の男女の仲間で大変親密に交際していた。彼らを結びつけていたのは，奉仕活動という「善」なる行動だった。「善」なる

終章：こころが自由になること　195

ものというのは，思春期の「性欲」という，その頃の少年少女にとっては，大変危険な欲望を抑圧して，昇華したものと思うが，その抑圧されたものは，必ずどこかでほころびをみせることになる。それが，後の事件につながっていると思うのだが，彼が地元を離れて大学に入った後，あとの4人から「我々は，もうみんなお前とは顔を合わせたくないし，口をききたくもない」と告げられる。きっぱりと，妥協の余地なく唐突に。しかも，そのような厳しい通告を受けなくてはならない理由は，何ひとつ説明してもらえなかった。彼もあえて尋ねなかったのだった。彼は，他の4人と違って地元を離れていたから，日常生活上それで何か問題となることはないのだが，それゆえに，さまざまな空想が彼を追い詰めていくことになる。小説には，「疎外と孤独は何百キロという長さのケーブルとなり，巨大なウィンチがそれをきりきりと絞り上げた。そしてその張り詰めた線を通して，判読困難なメッセージが昼夜の別なく送りとどけられてきた。その音は樹間を吹き抜ける疾風のように，強度を変えながら切れ切れに彼の耳を刺した」と，そのときのこころの状態が描かれている。

　私たちは，幼いころは親との一体感，そして思春期の時期には友人同士の一体感の中で，ある意味幻想の世界を生きる。そこでの満足する体験が私たちのこころの糧になっていくわけだが，一体感というのは必ず崩れる。その世界の中に生き続けることはできない。そのときの幻滅する体験をどう生き延びるかが，次のライフステージの課題となる。主人公の多崎つくるは，そのとき死ぬことだけを考えて生きることになった。死への憧憬が半年近く彼を包み，「巨大な鯨に呑まれ，その腹の中で生き延びた聖書中の人物のように，つくるは死の胃袋に落ち，暗く淀んだ空洞の中で日付を持たぬ日々を送った，あるいは自分が死んでいることにまだ気づいていない死者として生きた」のだった。この感覚というのは，病的な抑うつ状態の感覚そのものであろう。ただ，目の前にあるタイムテーブルに従って動く，そのとき生き生きとした自分という生の感覚はまったくなくなる。自分が世界と隔絶したようになり，ガラス越しに，あるいは透明なプラスチックの中に閉じ込められたように，

密閉された空間から外を茫然と眺めているような状態である。離人感；自分の感覚が麻痺している状態だ。自分でいながら自分でない，死に惹きつけられながら，死ぬことすらできないといった制縛状態，虚無の深淵に転落するぎりぎりの場所に立ちすくんでいるような感じだろうか。多崎つくるは，その死の淵から，どうやって抜け出したのかというと，激しい嫉妬にさいなまれる夢——性的な夢——を見た後に，死への憧憬が消え去ったと書いている。性的な夢が彼を生の世界に引き戻したということのようだ。夢は，こころの奥の状態，無意識の情緒を表すし，そこでの感覚というのは，生々しいながらも現実ではないので，安全でもある。分析場面で夢が語られることの意味は，確かに生々しい体験でありながら，現実ではないこころの世界を表現し，それを分析家に理解され受け入れられることだと思う。単なる夢解きではない。夢の内容にも，夢を語る行為にも，その時のこころのありようが，そして分析家との関係性が現れるものなのである。実際には，繰り返し，繰り返し夢が語られること，細かいディテールは違っていても，通底するテーマは同じ夢が繰り返し語られることで，そしてそれが分析家とともに理解されることで，次第にこころの変化が起こってくるのだが，小説なので，「夢というかたちをとって彼の内部を通過していった，あの焼け付くような生の感覚が，それまで彼を執拗に支配していた死への憧憬を相殺し，打ち消してしまったのだろう」とある。

　そうして死への憧憬はなくなったとしても，まだ彼は虚ろに生きていき，「記憶をどこかにうまく隠せたとしても，深いところにしっかり沈めたとしても，それがもたらした歴史を消すことはできない」，そう言われたことをきっかけにして，自分の歴史をたどる旅に出る。かつて一体感の中にいた4人を訪ねていく。あの時何が起こったのか。見ないでいようとし続けてきた，忘れ去ろうとしてきた過去の傷ついた記憶を見直していく。彼の知った事実は，その時，彼の見た性的な夢と同様に，親友グループの女の子の一人が，彼からレイプされたとの話を他のメンバーに告げていたゆえであった。後の彼らは，それを事実だとは思ってもいなかったようだが，当時は，その女の子を

守るために，メンバーはその虚言を受け入れ，その結果多崎つくるはメンバーから排除されることになった。その彼女は数年前に変死してしまっていたが，つくるが，そうした事情やその時の彼らの思い，その後の生き方を知っていくことによって，現実には何が変わったわけではないけれど，事実をとらえなおすことが出来，傷ついたその時の体験を受け入れることができて，情緒的な動きが出てくるというストーリーになっている。本には，「おそらく二度とこの場所に来ることはないだろう。それぞれの決められた場所で，それぞれの道を前に歩みつづけることだろう。そう考えると悲しみが，どこからか水のように音もなく押し寄せてきた。それは形をもたない，透き通った悲しみだった」と書かれている。彼は，胸の痛みと息苦しさを感じるのだが，「でもそれは正しい胸の痛みであり，正しい息苦しさだった。それは彼がしっかり感じなくてはならないものなのだ」と描かれている。過去そのものは変わることはないけれども，違う角度からとらえられるようになることが，彼のこころに情緒，それは悲しみや痛みとともにひとを求める，愛おしいという情緒といううるおいをもたらす。正常な抑うつ感情を持つことは，ひとのこころを豊かにしていく。静かな雨が大地に恵みをもたらすように，晴れの日ばかりでは人は豊かにはなれないものなのだと私は思う。

　ひとには，誰しもこうした傷ついた出来事があり，それによって今の自分のこころの状態は影響を受けて形作られている。それをまったく見ないで生きていくことも可能だろう。気づかずに日々の生活に没入することも可能と思う。ただ，過去の時間は，今ここに流れている時間に間違いなく混入している。過去の時間の集積が今を作っているといってもよいだろう。その傷つきの多くは，多崎つくると同様，思春期の問題や人間関係における疎外感だったりするが，そうした傷つきが傷つきとして，うずくような鈍い痛みを放ち続け，その人のこころを支配してしまう，その奥には，幼い頃の母親とのあるいは父親，きょうだいとの，情緒的な体験が関係していると私は思っているし，精神分析が教えてくれるものである。

精神分析の過程は，意識していない自分との出会いであり，自分はいった
いどんな自分なのかを見ていく時間になるのだと私は思う。その結果，とら
われていたことから自由になっていく，自分は自分でいいとの思いに行きつ
くのだと思う。時間はかかる。ひとのこころは，そんなに簡単に変化するも
のではないからだ。分析は，洗脳することではないので，クライエント自身
がこころのありように正直になって，気づいていくというその時間は，ゆっ
くりにしか，あるいは行ったり来たりでしか進んでいかない。

　ところで，以前大変なヒットをしたディズニーの『アナと雪の女王』のス
トーリーも，分析のプロセスと似ている。そのストーリーを追いながら精神
分析の過程，そして何がそこで得られるのかについて見てみたい。

　ヨーロッパの北にあるアンデール王国に住むアナと雪の女王になるエルサ
は，仲のよい姉妹だった。幼いころは，2人は無邪気に遊び，エルサの持つ
不思議な能力を楽しんでいた。その不思議な能力とは，空気中の水分を雪や
氷に変える力である。オラフという雪だるま——大きな雪だるまの上に小さ
な雪だるまが乗っかっていて，それが胴体になり，細長い顔がてっぺんに乗っ
かっていて，ニンジンが顔の真ん中に突き刺さって鼻になっている，愛嬌の
ある雪だるま——を作り，氷の滑り台遊びに興じていた。アナは妹で，エル
サはお姉ちゃんだが，アナは快活で人懐っこく，ちょっと軽率なところのあ
る女の子。いっぽうエルサは，引っ込み思案でひとからどう見られるのかに
悩む，魔力を持つ女の子である。エルサは密かに自分に魔力があることを恐
れるようになる。お話では，エルサが思春期を迎えた時期に，魔力ゆえに妹
を傷つけてしまう。トロールという森の妖精によってこの傷は癒えるのだが，
姉との魔法を使った遊びはアナの記憶から消し去られる。そして，この魔力
を周囲から隠すために，両親のいいつけでエルサはアナともかかわることが
できなくなり，ひきこもりの生活を余儀なくされる。思春期の時期に抱く「魔
力感」は，おそらくは自我の芽生えに伴う両親への反発であり，性の芽生え

として捉えることができそうだ。眠れる森の美女は，そのせいで100年眠りについてしまうが，それほどに思春期の時期は，私たちを生き辛くさせるものなのだろう。私は，この二人；アナとエルサのあり方は，ひとのこころのなかにある二つの側面と考えることができると思う。ひとのこころには，健康的な考え方をする側面（アナの部分）と魔術的思考，攻撃性や破壊性を持ち，同時にそれらへの不安や恐怖に怯える側面（エルサの部分）が存在していると思う。この魔力として表されているものは，恐ろしく破壊的な自分として感じられるものであり，万能感に満ちたものだろう。幼いころ，両親から叱られたときに「別のお家の子ならよかった」とか「ママなんか死んじゃえばいい」とかとの空想をし，こっそりつぶやくとき，思えば叶うという万能的な思考が子どもの頃にはあるために，そうした願望が現実化してしまうのではないかと，恐ろしくなる。子どもは現実化することを恐れて，それを消そうとして，さまざまな償い行為や取り消す行為をする。この万能的破壊的な側面を，物語では「魔法の力」として象徴的に表していそうだ。

　姉妹の両親は旅行に出て嵐に遭い，帰らぬ人となってしまうが，両親に対する否定的な思いが，こうして両親の死をもたらしたと，エルサは無意識的に感じていることが考えられる。ゆえに，エルサはさらにひきこもり，恐ろしいこころを持った自分，ひとを死に至らしめる魔力を隠さねばならなくなっていく。ところが，成人してエルサが女王として社会的な存在として外にでなければならなくなるとき，この魔力が露呈するのではないかという懸念は大変な恐怖となる。戴冠式での，この魔力の露呈への不安と恐れは，彼女を追い詰めるが，無邪気なアナは，初めて出会った異国の王子に熱を上げ，結婚したいと言い出す。自分の魔力を隠すことに必死となって怯えているエルサは，アナの自分勝手さに怒りを表出するが，その怒りの感情によって，意図せずして魔法が威力を発揮してしまう。指先から氷が飛び出し，たちまち周囲の床が氷に覆われていき，先のとがった氷が次々と床から突き出て，エルサを取り囲むように広がっていくことになる。魔力はエルサの中の怒りをはじめとする情緒の発露と考えられるだろう。エルサは，その場から逃げ出

すのだが，逃げ出しても，魔法の力は止めようもなく，エルサが駆け抜けると，そこは次々と凍りついていく。内的な醜さ，受け入れがたいものを見られたという恥のこころ，そしてひとを傷つける自分自身への恐れから，その場から逃げ出さねばならなくなるわけだが，彼女がこの国を呪っていると言って，他の国の侯爵が，彼女をとらえて殺そうと追手を差し向ける。

　さて，アナは自分のせいで姉を追い込んでしまったとの罪責感で，この姉をどうにか連れ戻そうと必死になる。その途上で知り合った山男クリストフとトナカイのスベンとの冒険は，分析家とのプロセスに相当するように思う。健康的な考え方をする部分との協働によって，こころの内側を探索していく過程である。クリストフとスベンが分析家の役割を担っている。そこで出会う恐怖におびえる自分（エルサの部分）は，氷の城を築き，孤独となる。その氷の破片は，ひとを刺し殺す威力をもっている。分析の過程では，自分のこの部分に気づくとき，大変な抑うつ感に見舞われる。物語では，氷の城にひきこもるエルサとして描かれる部分だろう。そうした自分でもいいじゃないか，そういう自分を認めようとの思いへと変化していくのだが，それは，流行した歌に表れている。「戸惑い，傷つき，誰にも打ち明けずに悩んでいた，それももうやめよう。ありのままの姿見せるのよ。ありのままの自分になるの。なにも怖くない，風よ吹け，少しも寒くないわ」。ただ，この歌では，「悩んでいたことが嘘みたいね。だってもう自由よ。なんでもできる」とあって，万能的な思いも同時に示されており，まだ，黒か白かの二者択一の世界にいることを意味している。灰色という中間のない世界は，やはりひとを追い詰める。他者から，社会から，エルサ部分の自分を認めてもらいたいと思うとき，無理だという声が聞こえてくるだろう。実際，追手は自分を捉え殺そうと武器をもってやってくるわけで，再び氷の城にひきこもるしかなくなってしまう。氷の城が大変な孤独と恐怖を象徴していると思われる。攻撃は最大の防御とばかりに，怪物マシュマロ──を創り出すことで，防御しようとする。アナとクリストフは魔力を恐れず，果敢にもエルサをどうにか現実社会に連れ戻そうとする。殺そうとする追手と，現実社会に戻そうとす

るアナとの両者からエルサは追い詰められるかっこうになる。怯えれば怯えるほど，氷はするどさを増し，こころならずも，エルサの魔法によってアナの心臓には氷の矢が刺さってしまう。それは，心臓を凍らせてしまうのだが，真実の愛の力があれば，溶けるものでもあると森の妖精トロールが教えてくれる。分析では，エルサ部分が劇化されることが往々にして起こる。怒りや悲しみといった，それまでため込んできた陰性の感情が，分析場面で表出され，健康な部分は，破壊的陰性の感情をもつ部分によって，覆い隠されてしまうことが起こる。そこにとどまっているほうが，現実に直面するより安全だとの思いがあるからである。それでも，分析家とともに持ちこたえていくことができれば，次なる過程に進むことができる。それは，物語にあるように，エルサ部分だけではなく，アナ部分もともに死の危険と感じられるほどのものかもしれない。牢獄に閉じ込められたように，あるいは裁断されるように感じられるかもしれない。しかしオラフが出てきて危機を救ってくれるし，クリストフはアナの冒険を支えながらついていく。

　心臓に氷の矢が刺さったアナを助けたくて，クリストフは結婚の約束をしたという王子のもとに送り届ける。そこに真実の愛があるとの思い込みからであるが，アナが結婚したいと思った王子は，実は王国をわが物としたかっただけで，アナは王子によって命を奪われそうになるのだが，オラフの協力でどうにか危機を逃れることができ，エルサがその王子に殺されそうになるその時，剣を振り下ろそうとする場面を目撃したアナが，エルサを助けようと剣の前に身を投げ出す。剣が振り下ろされたその瞬間，アナの身体は凍りつき，剣は氷と化したアナの身体に当たって粉々に砕け散る。片腕をあげたまま凍り付いているアナを見て，アナが自分を救うために，命を投げ出してくれたことをエルサは知る。周囲にいた人々がこうべをたれた悲しみの中で，エルサは凍りついたアナを抱きしめて涙を流すと，アナの指先の氷が溶け始め，手が少しづつ動き出し，アナの目がぱっちりと開く。「アナは，エルサのために自分を犠牲にしようとした。それが真実の愛の行動だったんだ。だから，凍った心臓も溶けたんだね」とオラフが言う。アナの愛のおかげで，エ

ルサは，氷と雪の世界から抜け出せるようになり，魔法をコントロールすることができるようになって，城門は開放され，王国の人々はエルサの作ったアイスリンクで真夏にスケートを楽しみ，オラフは永遠に溶けずにすむようになり，こうして，めでたし，めでたし，ディズニーのお話なので，ハッピーエンドとなる。

　この物語は，真実の愛というのがテーマになっている。ひとを愛するこころ，自分を愛するこころを扱っているのだろう。分析で，私たちが得ようとするものは，こころの真実である。それが愛であるのか，知，知ることであるのか，審美であるのか，それぞれの分析家とクライエントのカップルがどんな真実を求めていくのかは，その二人が知るところだろう。生きている意味や自分の存在を，分析の中で見出していくことができるのだと思う。ただ，分析がディズニーの物語のようにハッピーエンドだとよいのだが，すべてハッピーエンドかというとそうとも限らない。物語の途上でマシュマロ──に殺されることもあるだろうし，異国の王子に乗っ取られるかもしれない。そうならないように，最善の努力をしていくこと，持ちこたえていくこと，そうすると，終わりに伴う一抹の悲しさ，切なさの後に，正当な抑うつの後にと言ってもよいと思うが，真夏のアイスリンクを作って遊べるこころの自由が，幼いころの思い出オラフを永遠にこころに持っておくことができるようになるのだと思う。

　ところで，精神分析の過程においては，さきほどからクライエントと分析家の二人の交流とお話ししているように，分析家も関与している。分析家は，どんなふうにクライエントの話を聴いているのだろう。ただ黙って聴いているだけでなく，クライエントの話を聴きながら連想をしている。それは，私のこころに浮かぶそれらの連想に，クライエントからのメッセージが届いていると思ってのことからである。もちろん，分析家自身のみの情緒反応は除外せねばならないが，その空間で感じるものに身をゆだねながら，こころに浮かぶ感覚を言葉にするようにし，どんなことが語られているのか，文字通

りの意味と無意識的な意味とを理解するようにしているし，わからないことはわからないこととしてこころに留めて，それらの理解を伝えるときを選び，伝える。こうして伝えられた分析家の理解から，クライエントがさらに連想をつなげることで，クライエントのこころのありようの理解がさらに深まっていく。

　私は，分析家のなしていることは，シンフォニーの指揮者のようだと思っている。音楽に詳しいわけではないが，指揮者は，それぞれのパートでどのようなメロディーが流れているかを把握し，さらにそれら全体のバランスを見て，楽曲全体をどうとらえるか，どう映っているかを鳥瞰しながら指揮しているのだと思う。分析空間においても，クライエントの話のそのままの内容と無意識の内容，空気感，動き，そしてそこに分析家自身の感覚，といったそれぞれの音の流れに注意を向けずに向けつつ，全体を眺めてみることを心がけることで，クライエントの理解をしようとしている。「人生は複雑な楽譜のようだ……十六分音符と三十二分音符と，たくさんの奇妙な記号と，意味不明な書き込みに満ちている。それを正しく読み取ることは至難の業だし，たとえ正しく読み取れたとしても，またそれを正しい音に置き換えられたとしても，そこに込められた意味が人々に正しく理解され，評価されるとは限らない」という一文が，「色彩を持たない多崎つくると彼の巡礼の年」にもあったが，私は，正しく理解されずとも，正しく音に置き換えられずとも，その複雑さをみずからのこころを使って，理解しようとする分析家がいるという事実が，クライエントその人のこころにもたらす何かが大事なのだと思う。

　分析を終わろうとしているクライエントが，こんなことを語ってくれた。「ここで，自分の考えを口にして先生に聴いてもらうことで，自分の考えに実感が持てるようになった。そうしたら，他の人の話をちゃんと聴くことができるようになった。以前は，相手の要求に合わせようとして，答えを出さなきゃと思って，聴いているようで，相手の話をちゃんとは聴けてなくて，実は相手に自分の考えを押し付けていた」と。この方は，スーパーマンになり

たくて，人を求め，期待に応えられる自分でいようとし続けてきた方だが，完璧を求めるために——折り紙の四辺が正確に四角ではない（どの折り紙も少しはずれをもっている）ことに我慢がならない——，その息苦しさから分析を求めたのだった。約4年間かけてのその人の答えは，「ここでの体験で，答えは自分でそれぞれ見つけていくものだって思えた。それが一番いいし，自由に見つけていいと思う。それを体験したから，相手にもそうすることができるようになったと思う。逆に押し付けられるものを断ることもできるようになった」「スーパーマンにならなくとも，今はそれでいいと思う。悲しいけど，スーパーマンにはなれないことがわかった」。

　精神分析によって，何か現物支給がなされるかというと，残念ながら何もない。お守りもなければ，まが玉やつぼもない。もたらされるものは，こころの糧であり，それは消化され，その人のこころに同化して消える。目に見えるものではない。不思議なことに，クライエントと分析家の二人の交流によって，理解されようとしているという体験を通して，ひとは呼吸がしやすくなる。重苦しかった足取りが，まあ普通に歩けるようになる。死にたいと追い詰められた感覚が，まあ生きていてもいいかなくらいになる。事実として頭では知っていたことが，実感として知ることができる。数年かけて，その程度かとがっかりされるかもしれない。その程度だが，私は，私自身がクライエントとして分析を受けた体験も含めて，分析で得られる実感を伴った自分理解は，その後の生き方を自由にしてくれると思っている。こころのとらわれ感が少なくなるものだ。

　自分ひとりでは，ぐるぐるとメビウスの輪にはまったように抜けることのできないこころもようを，分析家とともに，それは巡礼であり冒険であるわけだが，その旅に出ることで，なんらかの糸口を見出していけるのではないかと思う。輪がほどけることで，とらわれから自由になって，自分という存在をそのままに認めることができるようになる，自分をちょっとは好きにな

る，そうした成果がもたらされると思う。ひとは，裸で外には出ていかない
ものなので，自由といっても野放図なそれではない。鎧兜をつけていたのが，
オーバーコートくらいを着て外へ出てくることができる，あるいはジャケット
を羽織るくらいに身軽になる，そんな自由さである。その道のりは決して楽
ではないかもしれないが，こころの自由を求める時間を持つことは，必ずや
豊かな実りをもたらしてくれるだろう。

文　　献

American Psychiatric Association: Quick Reference to the Diagnostic Criteria from DSM-IV. Washington, D.C., 1994.：高橋三郎，大野裕，染矢俊幸訳（1995）DSM-IV 精神疾患の分類と診断の手引．医学書院，東京．

馬場謙一（1991）：思春期やせ症．馬場謙一編 青年期の精神療法．pp. 62-80，金剛出版，東京．

馬場禮子（1999）：精神分析的心理療法の実践．岩崎学術出版社，東京．

Bion, W. R.（1957）：Differentiation of the psychotic from non-psychotic personalities. International Journal of Psychoanalysis 38, 266-275. 義村勝訳（1993）：精神病人格と非精神病人格の識別．松木邦裕監訳　メラニー・クライン トゥディ①——精神病者の分析と投影同一化．岩崎学術出版社，東京．

Bion, W. R.（1959）：Attacks on linking. International Journal of Psycho-Analysis 43, 306-310. 白峰克彦訳（1993）：思索についての理論．松木邦裕監訳　メラニー・クライン トゥデイ②　岩崎学術出版社，東京．

Bion, W. R.（1960）：Cogitations. London. Karnac Books. London.

Bion, W. R.（1962）：Learning fiom Experience. William Heinemann Medical, London. 福本修訳（1999）：経験から学ぶこと．精神分析の方法 I ——セヴン・サーヴァンツ．法政大学出版局，東京．

Bion, W. R.（1962）：A theory of thinking. In: Second Thoughts. William Heinemann Medical, London. 1967. 松木邦裕監訳，中川慎一郎訳（2007）：再考——精神病の精神分析論．金剛出版，東京．

Bion, W. R.（1963）：The Elements of Psycho-Analysis, reprinted in Seven Servants（1984），Maresfield Reprints, London. 福本修訳（1999）：精神分析の要素——精神分析の方法 I．法政大学出版局，東京．

Bion, W. R.（1967）：Transformations Reprinted. 1984. Karnac, London. 福本修，平井正三訳（2002）：変形．精神分析の方法 II．法政大学出版局，東京．

Bion, W. R.（1970）：Attention and Interpretation, reprinted. Bion, W. R.（1976）：On a Quotation from Freud. In:（1987）Clinical Seminars and Four Papers. Fleetwood Press. 祖父江典人訳（1998）フロイトからの引用について．In: ビオンとの対話——そして，最後の四つの論文．金剛出版，東京．

Bion, W. R.（1987）：Clinical Seminars and Four Papers, Karnac Books, London. 祖父江典人訳（1998）：ビオンとの対話——そして，最後の四つの論文．金剛出版，東京．

In: Seven Servants（1984），Maresfield Reprints. London. 福本修訳（2002）：注意と解釈．精

神分析の方法Ⅱ．法政大学出版局，東京．

Bowen, M.（1960）：A family concept of schizophrenia. In: Jackson, D. D.（ed.）：The Etiology of Schizophrenia. Basic Books, New York.

Brenman Pick, I.（1985）：Working through in the counter-transference. International Journal of Psychoanalysis 66, 157-166. 鈴木智美訳（2000）：逆転移のワーキング・スルー．松木邦裕監訳　メラニー・クライン トゥデイ③――臨床と技法．岩崎学術出版社，東京．

Britton, R.（1998）：Belief and Imagination. Routledge, London. 松木邦裕監訳，古賀靖彦訳（2002）：信念と想像――精神分析のこころの探求．金剛出版，東京．

Bruch, H.（1973）：Eating Disorders. Basic Books, New York.

Bruch, H.（1978）：The Golden Cage. Harvard University Press, Massachusetts. 岡部祥平，溝口純二訳（1979）：ゴールデンケージ．星和書店，東京．

Brusset, B.（1999）：Psychopathologie de Panorexie mentale. Dunod.

Casper, R. C.（1982）：Treatment principles in anorexia nervosa. Adolescent Psychiatry 10, 431-454.

Cassesse, S. F.（2001）：Introduction to the Work of Donald Meltzer. Cathy Miller, Foreign Rights Agency, London. 木部則雄，脇谷順子（2005）：入門 メルツァーの精神分析論考．岩崎学術出版社，東京．

Compernoll, T.（1982）：Adequate joint authority of parents ; A crucial issue for the outcome of family therapy. In: Kaslow, F. W. : The Inter-national Book of Family Therapy, pp. 245-256, Brunner Mazel, New York.

Duparc, F.（1996）：Lorsque 1'analyste s'abusente de lui-méme: Hallucination négative dans Je contre-transfert. In L'EIaboration en Psychanalyse. Bordeaux-Paris: Presses Universities in France, L'esprit du temps, 1988.

Feldman, B. R., Guttman, A. H.（1984）：Famlies of borderline patients. Literal-minded parents, borderline parental protectiveness. American. Journal of Psychiatry 141, 1392-1396.

Fosshage, l.J. & Loew, A. C.（1978）：Dream Interpretation A Comparative Study. Spectrum Publications, New York. 遠藤みどり監訳（1983）夢の解釈と臨床．星和書店．

Freud, S.（1900）：The Interpretation of Dreams. S. E. 4-5. 高橋義孝訳（1968）：夢判断．フロイト著作集2．人文書院，京都．

Freud, S.（1907）：Zwangshandiungen und Religionsübungen. Gesammelte Werke VK. 山本巌夫訳（1969）：強迫行為と宗教的礼拝．フロイト著作集5．人文書院，京都．

Freud, S.（1919）：The uncanny. In: Standard Edition 17. The Hogarth Piess, London. 高橋義孝訳（1969）：不気味なもの．フロイト著作集3．人文書院，京都．

Freud, S.（1937）：Analysis termmable and interminable. In: Standaid Edition 23. The Hogarth Press, London. 馬場謙一（1970）：柊りある分析と終りなき分析．フロイト著作集6．人文書院，京都．

藤山直樹（1994）：境界型人格障害の治療――ふつうの外来での実りあるマネージメント．臨床精神医学 23, 873-881.

深津千賀子（1995）：児童虐待・育児困難の母親．福島章，町沢静夫，大野裕編　人格障害．

pp.316-330，金剛出版，東京．

福本修（1999）：解題．精神分析の方法1．法政大学出版局，東京．

福本修（2006）：夢の機能と夢解釈の技法――躁的防衛が破綻した中年女性症例の夢を素材に．精神分析研究 50（2），119-130.

福島章（1993）：攻撃性．加藤正明編 精神医学事典．pp.222-223，弘文堂，東京．

Grinberg, L.（1980）: The closing phase of the psychoanalytic treatment of adult and the goals of psychoanalysis 'The search for truth about one's self. The International Journal of Psycho-Analysis 61, 25-37.

Grinberg, L.（1990）: The Goals of Psychoanalysis. Karnac, London.

Grinberg, L.（1992）: Guilt and Depression. Karnac Books, London.

花輪昭太郎（2000）：暴力的な患者の治療．臨床精神医学増刊号，pp.534-540.

Harper, G.（1983）: Varieties of parenting failure in anorexia nervosa; Protection and parentectomy, revisited. Journal of the American Academy of Child Psychiatry 22, 134-139.

石川清，岩田由子，平野源一（1960）：Anorexia Nervosaの症状と成因について．精神神経学雑誌 62, 1203-1221.

Jeammet, P., Geoge, A., Zweifel,R. et al.（1973）: Le milieu familial des anorexiques mentaux. Incidences sur le traitement. Ann Méd Interne 124, 247-252.

Jeammet, P., George, A.（1980）: Une forme de therapie familiale. Le groupe de parents. Bilan de huit années de fonctionnement d'un groupe ouvert de parents d'anorexiques mentales adolescentes. Psychatrie de 1'enfant 23, 582-636.

Joseph, B.（1985）: Transference: the total situation. Melanie Kiein Today, Vol.2. Routledge, London. 古賀靖彦訳（2000）：転移――全体状況．メラニー・クライン トゥデイ③．岩崎学術出版社，東京．

Joseph, B.（1988）: Psychic Equilibrium and Psychic Change: Selected Papers of Betty Joseph. The Institute of Psycho-Analysis. London. 小川豊昭訳（2005）：心的平衡と心的変化．岩崎学術出版社，東京．

上島国利（1998）：うつ病の薬物療法．In: 松下正明編　臨⊠精神医学講座 気分障害．pp.107-125，中山書店，東京．

狩野力八郎（2005）：気分障害の精神分析――無力感と境界形成をめぐって．In: 広瀬徹也，内海健編 うつ病論の現在．pp.173-197，星和書店，東京．

川谷大治（2001）：思春期と家庭内暴力．金剛出版，東京．

Kernberg, O.F.（1996）: A psychoanalytic model for the classification of personality disorders. 人格障害の分類のための精神分析的なモデル．精神分析研究 40, 155-168.

Khan, M.（1993）: The use and abuse of dream in psychic experience. In; The Dream Discourse Today. Routledge, New York.

菊地孝則（1994）摂食障害における内的対象喪失と発達の病理――象徴形成における退行を中心として．精神療法 20（5），422-430.

菊池孝則（2006）：「夢」における象徴形成の障害．精神分析研究50（2），112-118.

衣笠隆幸（1998）：毎日分析の歴史と現状.Khan, M.（1993）: The use and abuse of dream in psychic experience. In; The Dream Discourse Today. Routledge, New York.

精神分析研究 42（3），276-293.

衣笠隆幸（2001）：特集にあたって．精神分析研究 45（4），339-341.

Kinugasa, T.（2010）: The mechanism and goal of treatment: From a Kleinian perspective. Japanese Contributions to Psychoanalysis 3, 14-26.

Klein, M.（1952）: Some Theoretical Conclusion Regarding the Emotional Life of the Infant. The Writings of Melanie Klein, Vol.III. Hogarth Press, London. 佐藤五十男訳（1985）：幼児の情緒生活についての二, 三の理論的結論．メラニー・クライン著作集4．誠信書房, 東京.

Kolb, J. E., Shapiro, E. R.（1982）: Management of separation issues with the family of the hospitalized adolescent. Adolescent Psychiatry 10, 343-359.

松木邦裕（1985）：両親の環境としての機能と対象としての機能．季刊精神療法 11, 43-52.

松木邦裕（1988）：抑うつの変遷と対象の内在化──神経性無食欲症での検討．精神療法 14（4），378-384.

松木邦裕（1997）：意識されていない罪悪感，その後.

松木邦裕（1997）：夢という舞台，そして転移．妙木浩之編　現代のエスプリ別冊 夢の分析．至文堂, 東京.

松木邦裕（1998）：精神分析的精神療法の最近の病態に対する適応．臨床精神医学 27, 969-977,

松木邦裕（1998）：分析空間での出会い．人文書院, 京都.

松木邦裕（2000）：精神病というこころ．新曜社, 東京.

松木邦裕（2000）：摂食障害の精神分析的精神療法．In: 松下正明監修　臨床精神医学薔座S4巻 摂食障害・性障害．pp.190-199. 中山書店，東京,

松木邦裕（2005）：私説対象関係論的心⊠療法入門──精神分析的アプローチのすすめ．金剛出版, 東京.

松木邦裕, 鈴木智美編（2006）：摂食障害の精神分析的アプローチ──病理の理解と心理療法の実際．金剛出版, 東京.

松木邦裕（2010）：精神分析臨床家の流儒．金剛出版, 東京.

Meltzer, D,（1966）: The relation of anal masturbation to projective identification. In: Melanie Klein Today vol.1（1988）. Routledge. London. 松木邦裕監訳, 世良洋訳（1993）：肛門マスターベーションの投影同一化との関係．メラニー・クライン トゥディ①．岩崎学術出版社, 東京.

松木邦裕, 飛谷渉（2003）：投影によって変容されることと投影を変容すること──投影同一化とコンティナー／コンティンド．精神分析研究 47（4），411-416.

Meltzer, D.（1967）: The Psycho-analytical Process. Karnac, London. 松木邦裕監訳, 飛谷渉訳（2011）：精神分析過程．金別出版, 東京.

Meltzer, D.（1983）: Dream-Life. The Clunie Press, London. 新宮一成, 福本修, 平井正三訳（2004）：夢生活──精神分析理論と技法の再検討．金剛出版, 東京.

Melzer,D.（1984）: Dream-Life. Clunie Press, Oxford. 新宮一成他訳（2004）：夢生活．金剛出版, 東京.

Miller, S. G.（1984）: Current Treatment of Anorexia Nervosa and Bulimia. Powers, S. P.,

Fernandez, R. C.（eds.）, Basel. 保崎秀夫，高木洲一郎監訳（1989）：神経性食思不振症・過食症の治療．pp. 76-92，医学書院，東京．

Milton, J., Polmear, C., Fabricius, J,（2004）：A Short Introduction to Psychoanalysis. Sage Publications, London. 松木邦裕監訳，浅野元志訳（2006）：精神分析入門講座．岩崎学術出版社，東京．

皆川英明（2014）：「夢を報告すること」の機能について——病理的対象関係の再演に関する一考察．精神分析研究 58（1）1-10.

Minuchin, S., Rosman, B., Baker, L.（1978）：Psychosomatic Families-Anorexia Nervosa in Context. Harvard University Press, Cambridge, Massachusetts, and London.

Money-Kyrle, R.（1971）：The aim of psychoanalysis. The International Journal of Psycho-Analysis 52, 103-106.

村上春樹（2009）：1Q84．新潮社，東京．

中村伸一（1997）：境界例の家族療法．成田善弘編 現代のエスプリ別冊 人格障害．pp.286-295，至文堂，東京．

西園昌久（1988）：精神分析における父親と母親．精神分析治療の進歩．pp. 179-204，金剛出版，東京．

西園昌久（1992）：精神科患者家族の理解と援助．家族療法研究 9（1），58-65.

西園昌久（1997）：わが国における人格障害の治療に関する実態調査と入院治療．精神分析研究 41, 404-419.

O'Shaughnessy, E.（1981）：A clinical study of a defensive organization. The International Journal of Psycho-Analysis 62, 359-369.

O'Shaughnessy, E.（1981）：W. R. Bion's theory of thinking and new techniques in child analysis. Journal of Child Psychotherapy Vol 7. No 2, 181-189. 松木邦裕訳（2000）：ピオンの思索についての理論と子ども分析での新しい技法．松木邦裕監訳 メラニー・クライン トゥデイ③——臨床と技法．岩崎学術出版社，東京．

O'Shaughnessy, E.（1992）：Enclaves and excursions. The International Journal of Psycho-Analysis 73, 603-611.

Ogden, T.H. 狩野力八郎監訳（1996）：籠山直樹訳 こころのマトリックス．岩崎学術出版社，東京．

岡野憲一郎（1997）：スプリッティングと多重人格．精神科治療学 12（9），1031-1938.

小此木啓吾（1997）：フロイト・S における二種の罪悪感とその起源．精神分析研究 41（3），204-214.

Pick, I.B.（1985）：Working through in the countertransference. International Journal of Psychoanalysis 66, 157-166. 鈴木智美訳（2000）：逆転移のワーキング・スルー．松木邦裕監訳 メラニー・クライン トゥデイ③．岩崎学術出版社，東京．

Risenberg Malcolm, R,（1986）：Interpretation: the past in the present. Melanie Klein Today, VoL2. Routledge, London. 東中園聡訳（2000）：解釈——現在における過去．メラニー・クライン トゥディ③．岩崎学術出版社，東京．

大前晋，松浪克文（2006）：うつ病態の精神療法．精神療法 32（3），266-276.

Quinn, P.B.（1997）：The Depression Sourcebook. 大野裕監訳（2003）：「うつ」と「躁」の教科書．紀伊國屋書店，東京．

Rosenfeld, H. A.（1987）：Impasse and Interpretation. Tavistock Publications, London. 神田橋條治監訳（2001）：治療の行き詰まりと解釈――精神分析療法における治療的／反治療的要因．序論：アタッチメントの問題を精神医学はどのようにとらえるか．岩崎学術出版社，東京．

Segal, H.（1973）：Introduction to the Work of Melanie Klein. The Hogarth Press, London, 岩崎徹也訳（1977）：メラニー・クライン入門．岩崎学術出版社，東京．

Segal, H.（1991）：Dream, Phantasy and Art. Routledge, London. 新宮一成他訳（1994）：夢・幻想・芸術――象徴作用の精神分析理論．金剛出版，東京．

Selvini Parazzoli, M.（1978）：Self-Starvation. From Individual to Family Therapy in the Treatment of Anorexia Nervosa, pp. 43-60, Aronson, New York.

Steinert, T., Sippach, T., Gebhardt, R. P.（2000）：How common is violence in schizophrenia despite neuroleptic treatment? Pharmacopsychiatry 33, 98-102,

Stone, M. H.（1990）：ボーダーラインの怒り――治療可能性の境界－フォローアップデータと治療の可能性について．大野裕訳　精神神経学雑誌 92, 824-830.

下坂幸三（1988）：神経性食思不振症に対する常識的な家族療法．下坂幸三，秋谷たつ子編　家族療法ケース研究1　摂食障害．pp.9-32，金剛出版，東京．

下坂幸三（1988）：アノレクシア・ネルヴォーザ論考．金剛出版，東京．

下坂幸三，東原美和子（1991）：摂食障害者の家族 補遺. 家族療法研究 8, 117-125.

下坂幸三（2001）：摂食障害治療のこつ．金剛出版，東京．

Sperry, L.（1995）：Handobook of diagnosis and treatment of the DSM-IV personality disorders. Brunnei/Mazel, New York, 近藤喬一，増茂尚志監訳（2011）：パーソナリティ障害：診断と治療のハンドブック．金剛出版，東京．

Steiner, J.（1993）：Psychic Retreats: Pathological organizations in psychotic, neurotic and borderline Palients. Routledge. 衣笠隆幸監訳（1997）：こころの退避．岩崎学術出版社，東京．

鈴木智美（2021）：摂食障害．古賀靖彦（編代表）現代精神分析基礎講座第5巻　治療論と疾病論．pp.213-225，金剛出版，東京．

牛島定信（1988）：神経性食思不振症にみるかぐや姫コンプレックス．思春期の対象関係論．pp.178-199，金剛出版，東京．

牛島定信（1991）：境界例の臨床．金剛出版，東京．

Vandereycken, W., Meermann, R.（1984）：Anorexia Nervosa A clinician's guide to treatment. Walter de Gruyter and Co., Berlin. 末松弘行監訳（1991）：アノレクシア・ネルボーザ――臨床家のための治療ガイドブック．中央洋書出版部，東京．

Vandereycken, W., Kog, E. and Vanderlinden, J.（1989）：The familiy approach to eating disorders. Assesment and Treatment of Anorexia Nervosa and Bulimia. New York, PMA Publications.

Williams, G.（1997）：Internal Landscapes and Foreign Bodies. Karnac.

Whitman, R. M., Kramer, M, Baldridge, B. J.（1969）：Dreams about the patient: An approach to the problem of countertransference. Journal of American Psychoanalytic Association 17,

702-727.Winnicott, D. W.（1949）: Birth Memories, Birth Trauma, and Anxiety. 渡辺智英夫訳（1990）: 出生記憶，出生外傷そして不安. 北山修監訳　児童分析から精神分析へ. 岩崎学術出版社, 東京.

Winnicott, D. W.（1963）: The Development of the Capacity for Concern. The Maturational Processes and the Facilitating Environment. Hogarth Press, London.（1965）. 牛島定信訳（1977）: 思遣りをもつ能力の発達. 情緒発達の精神分析理論. 岩崎学術出版社, 東京.

Wolff, S H.（2005）: The countertransference dream. The International Journal of Psycho-Analysis 86, 1543-1558.

安岡誉（1983）: 神経性無食欲症の病態——治療および治癒像, 西園昌久編 青年期の精神病理と治療. pp. 159-177, 金剛出版, 東京.

あとがき

　ちょうど13年前の年末に，金剛出版の立石正信氏から，論文集を出版してみてはどうかとお話をいただいた。大変嬉しく光栄なことと思ったが，なかなか重い腰はあがらなかった。自分が書いたものは，そのときの真実ではあるけれど，時を経て，果たしてその意味はあるのだろうか。

　還暦を過ぎ，身体的にも不具合を生じるようになったのと時を同じくして，立石氏から催促のご連絡をいただいた。私の臨床の足跡がどなたかの役に立つものとなるなら，完成したものでないとしても，意味あるものかもしれないとようやく思えるようになった。

　本書には，同じ方との分析場面を違う視座から見たものも含まれている。すでに十数年前に出会い別れた方々との体験だが，私のなかには鮮やかにあの時のあの瞬間・あの空気・あの空間が思い出されるものばかりである。そうした濃密な体験をさせてもらった方々に感謝したい。また，その体験を許してくれた私の周囲，研究会の仲間，諸先輩にお礼を申し上げたい。なにより，長い年月，ご寛容に入稿をお待ちくださった立石正信様には感謝の言葉もない。

　そして，本書を手にとってくださった皆様，ありがとうございます。

　令和6年　夕陽に揺れる曼珠沙華を眺めつつ

鈴木智美

索　　引

人名索引

アグマン（Agman, E.）...................................... 125
アルヴァレズ（Alvarez, A.）............................. 69
ヴァンダーエイケン（Vandereycken, K.）......... 89
ヴァンダーエイケン（Vandereycken, W.）.... 101
ウィットマン（Whitman, R.M.）.................... 145
ウィニコット（Winnicott, D.W.）....... 48, 57, 177, 186
牛島定信 98
ウルフ（Wolff, S.H.）...................................... 145
エンゲル（Engel, G.）...................................... 152
小此木啓吾 10
オショーネシー（O'Shaughnessy, E.）............. 15
カーン（Khan, M.）.. 56
狩野力八郎 172
ガントリップ（Guntrip, H.）........................... 177
菊地孝則 59
北山修 194
衣笠隆幸 30, 59, 172
キャスパー（Casper, R.C.）............................... 89
キャセス（Cassese, S. F.）................................. 18
クライン（Klein, M.）...................................... 178
グリンバーグ（Grinberg, L.）.................... 10, 19
古賀靖彦 69
コルブ（Kolb, J.）.. 101
コンパーノル（Compernoll, T.）..................... 100
下坂幸三 89, 97, 100
ジャメ（Jeammet, P.）............... 89, 101, 124, 125

ジョセフ（Joseph, B.）...................................... 14
スィーガル（Segall, H.）............................ 18, 144
祖父江典人 64, 68
デュパルク（Duparc, F.）................................. 145
西園昌久 99, 100
ハーパー（Harper, G.）..................................... 89
バリント（Balint, M.）............................... 61, 177
ビオン（Bion, W.R.）........... 2, 18, 48, 56, 63, 64, 66-69, 84, 155
平井正三 67
フェアバーン（Fairbairn, W.R.D.）................ 177
フォナギー（Fonagy, P.）................................ 177
藤山直樹 67, 69
ブリトン（Britton, R.）.................................... 174
ブルック（Bruch, H.）....................................... 99
ブレンマン（Brenman Pick）........................... 146
フロイト（Freud, S.）........... 3, 17-19, 30, 69, 144
ボウエン（Bowen, M.）..................................... 98
ボウルビー（Bowlby, J.）................................ 177
松木邦裕 10, 30, 59, 60
マネー＝カイル（Money-Kyrle, R.）................ 18
皆川英明 59
ミニューチン（Minuchin, S.）.................. 98, 102
ミラー（Miller, S.）... 100
ミルトン（Milton, L.）...................................... 18
村上春樹 30, 194
メニンガー（Menninger, K.）............................ 60
メルツァー（Meltzer, D.）.................... 18, 58, 145
安岡誉 100
リーセンバーグ（Riesenberg Malcom, R.）...... 14
ロゼンフェルド（Rosenfeld, H. A.）................ 14

事項索引

あ

愛情希求 52, 129-148
愛着障害 177-187
アイデンティティ 106, 112
アクティングアウト 56
アタッチメント 177
　　──スタイル 186
　　──対象 187
アナライザンド 2, 47, 48, 62
α機能 28, 68, 141, 144
α要素 144, 155
β要素 144
アンビバレンス 172
怒り 35, 36, 40, 136
　　──の感情 11
いじめ 90
依存感情 83, 84, 142
依存欲求 40, 41
一次愛 177
いまここで 14
陰性感情 94, 139, 173
陰性症状 154
インフォームド・コンセント 157
うつ病 160
A-Tスプリット 147
エディパルな問題 56
エディプス葛藤 28
思いやり 12

か

解釈 5-7, 13, 24, 36, 56, 78, 84, 134, 136, 142
　　再構成の── 14
　　転移── 14, 15, 143
外傷 61
回避性人格 172
快－不快原則 139
開放病棟 156, 169

外来治療 168, 170
解離 3, 4, 8-11, 13, 154, 177, 184
確認強迫 19
かぐや姫コンプレックス 98
過呼吸 182
過食 3, 9, 10, 34
家族
　　──環境を整える 165
　　──との協力 164
　　──内の情緒的システム 100
　　──の再構成 89
家族療法 89
葛藤 ... 24, 30, 48, 73, 98, 101, 105, 113, 144, 157, 159
仮性認知症 171
看護師の対応 170
感情交流 166
管理医の役割 153-175
基本的な信頼感 180
虐待 3, 7, 10, 51
逆転移 22, 28, 34, 41-44, 56, 133, 140, 141, 143-145
　　──のアクティングイン 42
　　──の中の憎しみ 186
　　──夢 129-148
共感的理解 166
強迫行為 27
恐怖症 17-31
拒食症 19, 20, 23, 73-87
　　──治療 124-127
　　──の本質 86
薬の選択 161
K－結合 18, 29
嫌悪と愛のアンビバレンス 109, 110
原光景 78, 85
攻撃性 18, 28, 29, 99, 173, 188
行動制限 93
孤独感 24, 33, 81, 85
孤立感 42, 43, 142
コンテイナー 12, 43, 69, 113, 129, 143, 144, 154, 176, 178, 187
　　──機能 177-187
コンテイン 12, 13, 28, 33, 44, 60, 62, 82, 121, 140, 143, 149, 150, 154, 164, 173, 174, 176, 178

索　引　219

コンテインド 69, 143
コンテインメント 29

さ

罪悪感 2, 6, 18, 24, 158, 162, 167, 169, 175
　　──の起源 12
　　無意識的── 11, 14, 29
　　無意識の迫害的── 10, 13, 14
　　迫害的── 3, 8, 12
再考 63, 69
罪業妄想 162
作業療法 156, 171, 181, 183
自我関係性 177
自己愛世界 85
自己感の形成 149, 150
自己肯定感 104
自己の無価値感 85
自己破壊的行動化 9
自己誘発性の嘔吐 93
自殺企図 ... 4, 10, 72, 130-134, 158, 163, 168, 169, 177
自傷 3, 4, 8, 10, 72, 76, 132, 138, 157-159, 168, 169, 189
自尊心 149, 167
死；
　　──のイメージ 54
　　──の恐怖 27
　　──への憧憬 196
情緒
　　──交流 2, 112, 194
　　母親との── 131
　　──体験 2, 5
　　──的感覚 143
　　──的ふれあい 5
　　──発達の障害 99
常同行為 184
心気神経症 154
心的現実 18
真理愛 18
心理面接のセッティング 172-174
睡眠障害 159
スーパービジョン 64, 134, 147
スキゾイドパーソナリティ 49

スタッフミーティング 126
スプリット 82, 139, 140, 178
性交恐怖 19
性衝動 106, 112
世代を越えた連合 98, 102
摂食障害 72, 89-123, 154, 159, 161, 163, 168
洗浄強迫 20
相互交流 145
蒼古的
　　──関係性 14, 43, 59
　　──体験 47-61
喪失体験 2, 166

た

ダイエット 103, 116
退行 47, 60, 61, 86, 101, 119
第三のポジション 145, 174
対象
　　──関係 36, 122, 161
　　──関係論 47, 177
　　──希求性 177
　　──喪失 191
第二次性徴 106
対面法 4
大量服薬 4
知的障害 182
超自我的母親 7
直観 66, 69, 84
治療環境の設定 119
　　──のセッティング 156, 168, 169
治療構造 97
　　──の組み立て 155
治療者－患者関係 13
治療スタッフとの協働 170
抵抗 3
転移 ... 3, 7, 13, 34, 36, 38, 39, 44, 47, 60, 85, 122, 144, 145
　　陰性── 122
　　陽性── 122
投影 3, 5, 12, 61, 69, 84, 86, 138
投影逆同一化 143
投影同一化 33, 40, 42-44, 56, 59, 65, 68, 133, 140-148, 178

凍結された記憶 57
統合失調症 158, 159, 190
洞察の獲得 19
同席面接 75, 82, 93, 102, 166
　　母親との―― 74
飛び地 58

な

内的葛藤 101
内的対象関係 45
ナルシシスティックな空想 39
ナルシシズム 149, 150
二者関係 98
　　――の枠組み 83
入院 173, 181, 182, 184
認知症 157

は

パーソナリティ障害 ... 3, 147, 148, 154, 157, 159,
　　163, 168, 169
　　解離性―― 15
　　境界性―― 15, 129
パーソナルな関係 177
バイオ・サイコ・ソーシャルモデル 152
排泄夢 141
バウムテスト 180, 182, 185, 187
破壊的行動 3, 9, 72, 138, 141, 146, 148
迫害
　　――される思い 142
　　――的罪悪感 3, 8, 12
　　――妄想 142
パニック発作 163
悲哀の仕事 153
ひきこもり 34, 150, 154
非言語的なコミュニケーション 157
非象徴的相互作用 68
ヒステリー 154, 158, 172
非定型精神病 33-49, 65, 188
否認 40, 72, 73
皮膚
　　――機能 186
　　――接触 150

――役割 187
不安 4, 48
　　――の源泉 73-87
不潔恐怖 19, 23
不在の乳房 68
不登校 158
不眠 173
プレコックスゲフュール 158
分析的忍耐 15
閉鎖病棟 92, 120, 169
　　――への入院 97
防衛機制 178, 191
母子関係の修復 89
母子同席面接 89-102

ま

マゾヒズム 172
マネージメント 119-121, 153-155, 174
見捨てられる不安 137
見立て 41, 156-161
三つ組家族 98
無意識 3
　　――的空想 83, 144
　　――的情緒 143
　　――的動機 48
　　――な現実世界 58
　　――的な思考 59
　　――の情緒 196
息子との一体化願望 135
無力感 175
メランコリー型 162
面接空間 47-62, 84, 135, 138, 142, 143
妄想－分裂態勢 140, 147, 149, 155, 175, 178
妄想－分裂ポジション 66, 73, 83, 84, 86
mourning work 29, 89-102, 153-175
もの想い 150
もの想う関係 57

や

やせを理想化 104
夢 25, 26, 29, 48-51, 53, 55, 56, 80, 135, 136,
　　196

索　引　221

——における情緒的体験 59
——の意味 141
——の活用 57, 58
——を語る 48, 58
夢解釈 143
抑圧 3, 17
抑うつ 27, 34, 39, 73, 76, 153-156, 158, 163,
　165, 166, 168, 171-177, 182, 192, 197
——態勢 140, 143, 145, 149
——不安 112, 118
——ポジション 73, 84, 86

ら

離人感 81
恋愛妄想 38
連想 202
ロボットのような従順さ 99

わ

WAIS 160, 182
ワークスルー 12, 73, 123

初出一覧

第1部　精神分析的邂逅

　無意識の迫害的罪悪感——その治療的取り扱い　精神分析研究　50（1），2006

　知ること，考えること，「私」であること——ある恐怖症症例より　精神分析研究　58（3），2014

　ある非定型精神病者との精神分析的精神療法——そのパーソナリティへの接近　精神病の精神分析的アプローチ，金剛出版，2008

　蒼古的体験へ——面接空間で退行していくこと　精神分析セミナー　2023

　［エッセイ］熟成されていくもの——ビオンとの出会い「ビオンに学ぶ分析臨床」討論より　精神分析研究　52（2），2008

第2部　摂食障害を生じるこころ・パーソナリティ障害に見るこころ

　拒食症における不安の源泉　摂食障害の精神分析的アプローチ，金剛出版，2006

　摂食障害例における母親のmourning workが果たした治療的役割——母子同席面接を通して　精神療法　19（5），1993

　摂食障害の彼女が嫌悪しているもの　こころの科学 No.220，2021

　摂食障害の精神分析的理解　最新精神医学　21（3），2016

　［エッセイ］拒食症治療との出会い——「拒食症治療の手引き」の翻訳から　精神療法　20（2），1994

　ねじれた愛情希求——逆転移夢からの理解　パーソナリティ障害の精神分析的アプローチ，金剛出版，2009

　［エッセイ］自己感の形成——ナルシシズムについて　lecture day ナルシシズム・トゥデイ　2016

第3部　精神科臨床における立ち位置

　mourning work を抱える環境のマネージメント——管理医の役割　抑うつの精神分析的アプローチ，金剛出版，2007

　愛着障害患者治療におけるコンテイナー機能　思春期青年期精神医学・JSAP　27（2），2018

　［エッセイ］治療者に攻撃的となるケースへの対応　精神科臨床サービス　3（1），2003

　終章；こころが自由になること　精神分析協会公開講座，2015

著者略歴

鈴木智美（すずき ともみ）

1987年福岡大学医学部卒業，1993年福岡大学大学院医学研究科精神分析学専攻修了。
1994年から1997年にフランスのパリXI大学及びモンスリ共済研究所へ留学。
帰国後，福岡大学病院精神科講師を経て，現在，可也病院で勤務するとともに，精神分析キャビネにて個人精神分析を実践。
日本精神分析協会の正会員および訓練分析家。国際精神分析学会正会員。日本精神分析学会運営委員。

[主な著書]
「摂食障害の精神分析的アプローチ」（共著）金剛出版
「現代精神分析基礎講座1〜5」（共著）金剛出版
「摂食障害との出会いと挑戦」（共著）岩崎学術出版社

こころの探索過程
罪悪感の精神分析

2024年10月20日　印刷
2024年10月30日　発行

著者────鈴木智美

発行者───立石正信

発行所───株式会社 金剛出版
　　　　　〒112-0005 東京都文京区水道1-5-16　電話 03-3815-6661　振替 00120-6-34848

印刷・製本◉新津印刷

ISBN978-4-7724-2071-6 C3011　　©2024 Printed in Japan

[JCOPY] 〈(社)出版者著作権管理機構 委託出版物〉
本書の無断複製は著作権法上での例外を除き禁じられています。複製される場合は，そのつど事前に，
(社)出版者著作権管理機構（電話03-5244-5088, FAX 03-5244-5089, e-mail: info@jcopy.or.jp）の許諾を得てください。

パーソナル 精神分析事典

[著]=松木邦裕

●A5判 ●上製 ●360頁 ●定価 **4,180** 円
● ISBN978-4-7724-1802-7 C3011

「対象関係理論」を中核に選択された
精神分析概念・用語について
深く広く知識を得ることができる
「読む事典」！

ビオン・イン・ブエノスアイレス 1968

[著]=ウィルフレッド・R・ビオン
[編]=ジョゼフ・アグアヨ リア・ピスティナー デ コルティナス アグネス・レジェツキー
[監訳]=松木邦裕 [訳]=清野百合

●A5判 ●上製 ●264頁 ●定価 **4,950** 円
● ISBN978-4-7724-1809-6 C3011

貴重なビオン自身による症例報告や
スーパービジョンを含むビオンの臨床姿勢を
存分に味わうことができるセミナーの記録。

ビオン事典

[著]=ラファエル・E, ロペス-コルボ [監訳]=松木邦裕
[訳者代表]=藤森旭人 黒崎優美 小畑千晴 増田将人

●A5判 ●並製 ●354頁 ●定価 **4,620** 円
● ISBN978-4-7724-1933-8 C3011

ウィルフレッド・ルプレヒト・ビオンについての
重要な用語やことばを
それらの意味や応用への討議も加えて
明快に記述した一書。

価格は10%税込です。

投影同一化と心理療法の技法

［著］=トーマス・H・オグデン
［訳］=上田勝久

●A5判 ●上製 ●220頁 ●定価 **3,960** 円
● ISBN978-4-7724-1920-8 C3011

「人と人とのつながりの内実」
投影同一化は，患者－セラピスト関係の重要な相互作用である。
米国で最も注目される精神分析家 T・オグデンによる
精神分析的思索のはじまりとなる著作の邦訳。

リーディング・クライン

［著］=マーガレット・ラスティン マイケル・ラスティン
［監訳］=松木邦裕 武藤 誠 北村婦美

●A5判 ●並製 ●336頁 ●定価 **4,840** 円
● ISBN978-4-7724-1725-9 C3011

クライン精神分析の歴史から
今日的発展までを豊饒な業績だけでなく
社会の動向や他学問領域との
関連も併せて紹介していく。

リーディング・ビオン

［著］=ルディ・ヴェルモート
［監訳］=松木邦裕 ［訳］=清野百合

●A5判 ●並製 ●416頁 ●定価 **5,280** 円
● ISBN978-4-7724-2000-6 C3011

難解さでも知られるビオンの言葉を
紐解く有意義な背景情報を含み，
心的機能に関する彼の独創性に富む洞察や
技法の発展への理解を深める最良の手引。

価格は 10%税込です。

精神分析マインドの創造
分析をどう伝えるか

［著］=フレッド・ブッシュ
［監訳］=妙木浩之　［訳］=鳥越淳一

●A5判　●並製　●288頁　●定価 **4,620** 円
● ISBN978-4-7724-1856-0 C3011

精神分析を知性化させたり
形骸化させたりすることなく，
患者にとって意味のある体験とするために，
どのように実践するかについて書かれた一冊。

こころの出会い
精神分析家としての専門的技能を習得する

［著］=ルイス・アロン　［監訳］=横井公一
［訳］=揖斐衣海　今江秀和　今井たよか　長川歩美　野原一徳　横井公一

●A5判　●上製　●376頁　●定価 **5,720** 円
● ISBN978-4-7724-1801-0 C3011

米英における現代精神分析思想の諸潮流
（対象関係論，自我心理学，自己心理学，関係論的精神分析）を
概観するための優れた入門書
かつ関係精神分析の包括的な著作。

関係精神分析の技法論
分析過程と相互交流

［著］=スティーブン・A・ミッチェル
［監訳］=横井公一　辻河昌登

●A5判　●上製　●334頁　●定価 **5,280** 円
● ISBN978-4-7724-1978-9 C3011

アメリカ精神分析の主流となった関係精神分析の碩学，
S.ミッチェルの分析理論の全貌を探る。
〈関係精神分析〉の技法と
実践応用のための最適な入門書。

価格は10％税込です。

欲望の謎

精神分析は性，愛そして文化多様性にどう向き合うのか

［著］=ガリト・アトラス
［監訳］=北村婦美

● A5判 ●上製 ●280頁 ●定価 **4,620** 円
● ISBN978-4-7724-1996-3 C3011

性愛的転移，治療者／患者の妊娠……など，
全編をクライエントたちとの
〈臨床的なお話 clinical tales〉でたどる，
現代精神分析のリアル！

境界性パーソナリティ障害のための
転移焦点化精神療法

クリニカル・ガイド

［著］=フランク・E・ヨーマンズ　ジョン・F・クラーキン　オットー・F・カンバーグ
［監訳］=妙木浩之　［訳］=鳥越淳一

● A5判 ●並製 ●464頁 ●定価 **5,720** 円
● ISBN978-4-7724-1999-4 C3011

境界性病理に対するカンバーグの理論から開発された治療法マニュアル。
カンバーグが実演する貴重な面接 DVD を付属。

物語と治療としての精神分析

［著］=アントニーノ・フェロ
［監訳］=吾妻 壮　［訳者代表］=小林 陵　吉沢伸一

● A5判 ●上製 ●226頁 ●定価 **4,400** 円
● ISBN978-4-7724-1997-0 C3011

物語論とビオン理論を援用して，
患者と分析家によるナラティヴの
マトリックスとしてのフィールドを
精神分析的に探究する魅力的な論考。

価格は 10％税込です。

現代精神分析基礎講座 全5巻

[編集代表]＝古賀靖彦
[編]＝日本精神分析協会 精神分析インスティテュート福岡支部

●A5判 ●並製 ●定価 各 **4,180** 円

第1巻 精神分析の基礎

● 192 頁 ● ISBN978-4-7724-1663-4 C3011

こころにかかわる職務に携わるための
人の営みやこころの本質に関するベーシックな教養となる
精神分析の基礎を紹介する。

第 2 巻 フロイトの精神分析

● 224 頁 ● ISBN978-4-7724-1864-5 C3011

創始者フロイトの精神病理学，
精神分析技法，および症例を
俯瞰することができる。

第 3 巻 精神分析学派の紹介 1──クライン学派，対象関係論

● 224 頁 ● ISBN978-4-7724-1835-5 C3011

英国で展開してきたクライン派の理論と，
M. クライン－ A. フロイト論争の結果生まれた
独立学派について紹介する。

第 4 巻 精神分析学派の紹介 2
── 自我心理学，自己心理学，関係学派，応用精神分析

● 200 頁 ● ISBN978-4-7724-1733-4 C3011

「自我心理学」を最初に紹介し，
続いて「自己心理学」と「関係精神分析」を紹介することで，
精神分析の「臨床応用分野」に視界を拡げる。

第 5 巻 治療論と疾病論

● 304 頁 ● ISBN978-4-7724-1794-5 C3011

精神分析治療の始まりから維持・進展，
そして終結までが紹介され，
疾病ごとの精神分析的理解とアプローチが論じられる。

価格は 10％税込です。